お墓の疑問？解決事典

監修　葬送・終活ソーシャルワーカー／社会福祉士／介護福祉士
吉川美津子

つちや書店

はじめに

最近、「お墓はいらない」という声をよく耳にします。「なぜ必要ないのか？」と問うと、

「そもそも購入するのにお金がかかる」

「お墓を建てても継ぐ人がいない」

「墓参りやお寺との付き合いが面倒」

など理由はさまざま。そもそもお墓にはどのような意味があるのでしょうか。お墓は有史以来、世界中で形を変えながら現代まで脈々と続き、お墓から過去を知ることもできます。弔いの文化を次世代へ引き継ぐ必要はないのでしょうか。


私たちが確認できる人類最古のお墓は、ネアンデルタール人の時代に遡ります。「お墓の教科書」（編集・発行：日本石材産業協会）によると、ネアンデルタール人の遺跡のひとつであるイラクのシャニダール遺跡には、多数の死者が葬られた形跡が残されています。その周囲の土からは、8種類程度の花粉が採取され、これは死者を土に葬り、花を手向けたことの表れだとか。人の死に対して感情を表出し、花という形でそれを表現しているのです。

「お墓はいらない」という声の主の中に、死者の弔いは不要と思っている人はどれだけいるでしょう。多くは、「面倒」「維持することが難しい」「お金がかかる」といった消去法によるもので、本当に必要ないと主張する人は少ないように感じます。

某都市部にある墓地や納骨堂をウォッチしていると、営業の途中に立ち寄るサラリーマン、定期試験などの度に訪れる学生など、墓参が日常生活の中に溶け込んでいる光景を目にすることがあります。誰でも心が不安定になることはあるでしょう。そんな時、お墓を前に亡き人と対峙することは、自分自身にも向き合い、エンパワメントを引き出すきっかけになることもあります。

近年、お墓は多様化しています。石塔をメインとした墓石ひとつとっても、流通している石種は100種類以上あり、色も赤・黒・紫・茶・マーブル調・キラキラ系などさまざま。納骨堂は都市部を中心に増加し、樹木葬墓地にいたっては、新規購入者の4割以上を占めるほど市民権を得ています（2022年〔令和4年〕「鎌倉新書〔第13回お墓の消費者全国実態調査による〕」）。

都市部か郊外か、承継を前提とするのかしないのか、シンボルは墓石か樹木か、外墓地か納骨堂か、と選択肢が増えたことで自分達に合った弔い方を選ぶことはできますが、逆にお墓選びが難しくなっている現状があります。

住宅物件を探すように、インターネットで検索すれば墓地情報を速やかに入手することができる時代にはなりましたが、個々の事情に沿ったお墓にたどりつくには、石材店と何度も打ち合わせをしたり、寺院の住職と話をしたり、現場に実際に足を運んで探していくという作業は必要不可欠です。

本書では、これまで多くの人から寄せられたお墓の悩みを体系的に整理し、わかりやすくご紹介できるように編集しています。

お墓は地域によって、宗教・宗旨・宗派によって、また個々の家の事情によって異なります。全国一律で語れる性格のものではありませんが、お墓の悩みを解決できるツールとしてご利用いただければ幸いです。

吉川美津子

お墓選びフローチャート

本書を読むにあたって、ご自分の状況を整理するためのフローチャートを作成しました。たどりついたページに、あなたの「お墓の疑問」を解決するためのヒントが書かれています。

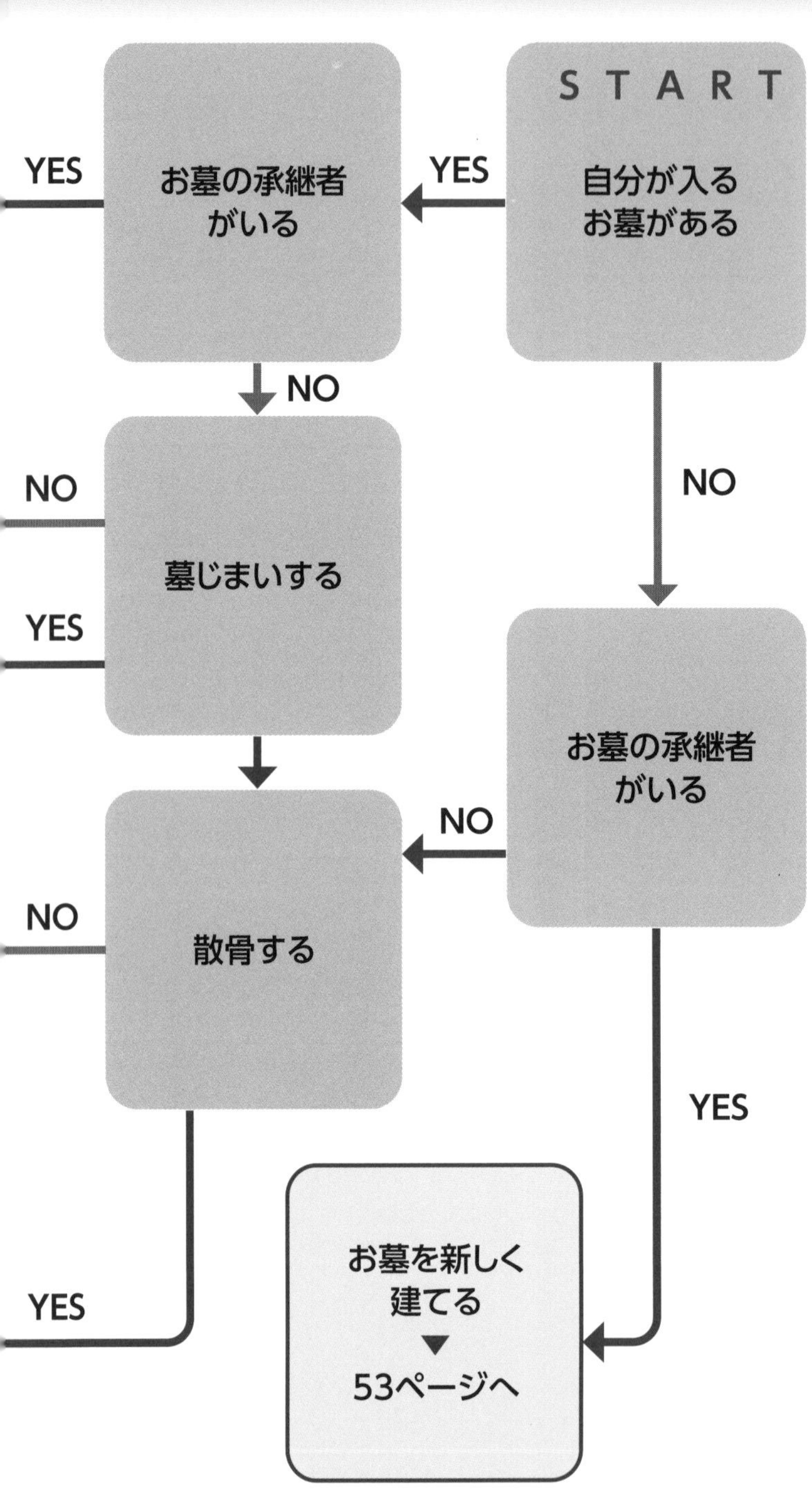

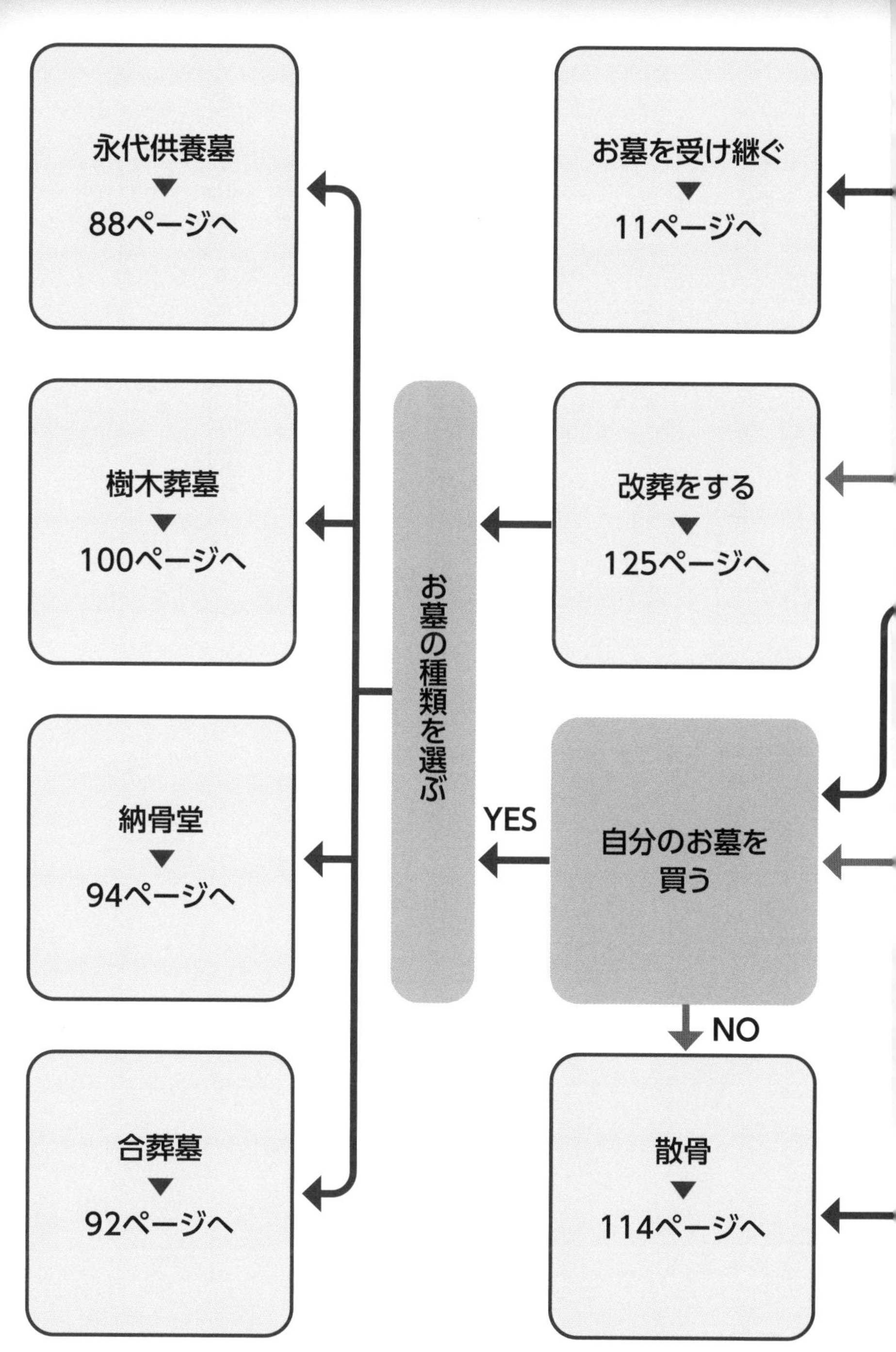

お墓を受け継ぐ
11ページへ
改葬をする
125ページへ
自分のお墓を
買う
YES
NO
散骨
114ページへ
お墓の種類を選ぶ
永代供養墓
88ページへ
樹木葬墓
100ページへ
納骨堂
94ページへ
合葬墓
92ページへ

目次

第1章 お墓を受け継ぐ

第2章　お墓を建てる

第3章　さまざまな「お墓」のかたち

第4章 墓じまいと改葬

第5章 ケーススタディ

「墓埋法」について

「墓埋法」とは、1948年（昭和23年）に制定された「墓地、埋葬等に関する法律」の略称です。埋葬、火葬、改葬、墓地などに関する法律で、それらにまつわる定義やその手続きなどを定めています。

本書の表記などについて

- 本書では、「墓埋法」に基づいて言葉を使っています。そのため、一般的にはお墓を受け継ぐことを「継承」と言う場合がありますが、法律用語の「承継」あるいは「承継者」という言葉を使っています。
- 「埋葬」は死体を土中に埋めることで、墓埋法では「土葬」を意味します。荼毘に付した焼骨をお墓に埋めることは「埋蔵」といいます。なお、納骨堂に遺骨を納めることは「収蔵」といいます。
- 本書では、「お墓」「墓地」「霊園」「墓所」などの言葉を使用しています。それらは墓地全体を表すこともあれば、一区画を表現していることもありますが、「霊園」については施設全体を表す言葉として使用しています。
- 本書では一般的な例やプロセスをあげています。家庭の事情や地域性など、さまざまな要因からお墓にまつわることはとらえ方が異なる場合があります。
- 本書のデータや見解は、2023年5月現在のものです。

第1章

お墓を受け継ぐ

お墓を受け継ぐための手続きは？
受け継ぐ人がいないときはどうしたら？　などなど、
先祖伝来のお墓に関する疑問に答えます！

先祖伝来の「お墓」に関する素朴な疑問を徹底解説！

人として生きる以上逃れられない「生老病死」。中でも「死」は、すべての人に平等に、いつの日か必ず訪れます。現代の日本では荒野で野ざらしとなることはまずありませんから、ほぼすべての人が「お墓」で永遠の眠りにつくことになります。

ですがこのお墓については、普段話題にのぼることはほとんどありません。「故郷を離れて暮らしているので、お墓に行くのはお盆だけ」という人も少なくないのではないでしょうか。

それほど日常生活から離れたように感じている人も多い「お墓」ですが、ある日突然、目の前に突きつけられたら、あなたはどうしますか？

父の葬儀の直後に、母からいきなり『明日からウチのお墓の名義人はあなただから』といわれたら、どんな手続きをしなければいけないかおわかりでしょうか？

またすでに受け継いでいる人は、将来「お墓」を受け継いでくれる人に心当たりがありますか？　もしなかったら、代々受け継いできた「お墓」はどうなるのでしょう？

この章では、先祖伝来の「お墓」に関する素朴な疑問や対処法についての解説をまとめています。「お墓」の問題で悩んでいる人には、問題解決のヒントが必ずみつかるはずです。

お墓は長男などの息子が受け継ぐのが決まりですか？

次男や嫁いでしまった娘でも、お墓は誰が継いでも大丈夫！

「長男は海外で働いていて、そのまま永住する気らしいし、私がいなくなったらお墓の面倒を見てくれる人がいない」「一人娘がお嫁にいってしまい、先祖代々のお墓を継いでくれる人がいないのだけど……」など、お墓の承継者問題に悩んでいる人も多いのではないでしょうか。

内閣府が発表した「令和4年版少子化社会対策白書」によれば、第2次ベビーブームと言われる

◆お墓の承継者になれる人

- 被相続人に指定された人
- 慣習に従って継げる人
  ※一般的には長男や配偶者が承継するケースが多いのですが、嫁いだ娘が承継しても問題はありません。
- 家庭裁判所の調停、または審判で決められた人
  ※家族や親族の話し合いで承継者が決まらない場合にとられる方法です。

１９７３年（昭和48年）に２０９万１９８３人を記録して以降、日本の出生数は右肩下がりで少子化の一途をたどっており、２０２２年（令和４年）には79万９７２８人で最低出生数を更新しました。政府はさまざまな対策を検討していますが、残念ながら有効な手は打てていない状況です。今後も少子化の傾向は続くことが予想されますから、お墓の承継者がいないと悩む人はますます増えていくことでしょう。

戦前の旧民法の下では、戸主が亡くなった場合は原則として長男が家督相続人としてすべての遺産を相続するものとされており、お墓も長男が承継するものとされていました。

しかし現行の民法では、この「家督相続」は廃止されており、必ずしも長男がお墓を相続する必要はありません。民法８９７条には「系譜、祭具及び墳墓の所有権は、慣習に従って祖先の祭祀を主宰すべき者が承継する。」と規定されており、誰でなくてはいけないという特別な決まりはないのです。

墓地やそこに建つ墓石、仏壇、仏具などを「祭祀財産」と呼びますが、この祭祀財産は誰が受け継いでもいいのです。

子どもの代で人がいない場合や、そもそも子どもがいない場合などは、親族に相談してみるのもいいかもしれません。お墓には、親族にとっても血縁関係のある人が眠っているのですから。

親族ではない友人でもお墓を承継することができる

民法８９７条には、「ただし、被相続人の指定に従って祖先の祭祀を主宰すべき者があるときは、その者が承継する。」とも書かれています。亡くなった人が遺言書などで指定してある場合は、指定された人が祭祀財産を承継することになるのです（詳しくは48ページ参照）。

遺言により友人などの親族以外の第三者を祭祀主宰者として指定することは可能です。

ただし、墓地使用権の承継については墓地使用規約などで「承継者は●親等以内の親族でなければならない」と決められている場合もあるので注意が必要です。こうした取り決めがある場合は、遺言書で指定されていたとしても友人では承継できないということになります。

承継する子どもがおらず、話し合いでも承継者が決まらない場合は、家庭裁判所に調停を申し立てて決めることになります。調停でも話し合いがつかない場合には、審判に移行します。

お墓の承継に相続税はかからないが負わなければいけない負担も……？

祭祀財産は土地や預貯金などの相続財産とは区別されており、承継しても相続税はかかりません。祭祀財産を承継した「祭祀主宰者」はお墓や遺骨についてのすべての決定を下す権利を持つことになるのですが、同時にお墓の管理料を支払ったり法要などの費用を負担したりする義務を負うことになります。寺院墓地にお墓があってお寺の檀家である場合は、お墓の使用権を承継すると同時に檀家としての立場も引き継ぐことになり、行事参加のつとめなども担います。

お墓の承継に際して税金はかかりませんが、別のところで金銭的負担があり、檀家ともなればつとめも発生するため、承継者をはっきりさせていないと身内で押し付け合いのトラブルになるケースも起こります。金銭的な負担については兄弟姉妹や親族で分割することもできますから、事前によく話し合っておくことが大切です。

ポイントまとめ

次男でも嫁いだ娘でも親族でも、基本的には誰でもお墓を承継できる。

承継することができる子どもがいない場合は、まずは親族に相談する。

お墓を継ぐためにはどんな手続きが必要ですか？

まず墓地の管理者に連絡をとる。役所へ届けを出す必要はない

お墓を継ぐことになった場合、最初にしなくてはいけないことは墓地の管理者への連絡です。お寺の管理する墓地にお墓があるならそのお寺の住職に、公営墓地なら霊園の管理を担当する会社に連絡をとってお墓の承継者が代わることを伝えましょう。なお、役所へ届けを出す必要はありません。

墓地の管理者に承継者が代わったことを告げると、名義変更に必要な手続きや書類、管理料の支払いなどについて教えてくれるはずです。お寺は全国で約7万寺あると言われており、お寺によって手続き方法や必要書類が少しずつ違いますから、お寺に墓地がある場合にはしっかり確認してみましょう。

公営墓地の場合の承継手続きに必要な書類の例を次のページで紹介していますので、参考にしてみてください。

承継者の名義変更手続きの際には、手数料も必要になります。手数料は、公営墓地の場合は数百円～3000円程度、寺院墓地や民間霊園では5000～5万円程度と墓地や霊園によって大きく異なりますので、管理者に確認しておきましょう。

手数料に加えて、必要書類の郵送料が必要となります。

承継者になると発生する年間管理料の平均は6000～7000円

承継者を話し合いで決めた場合には、協議者全員の署名・捺印が必要な「協議成立確認書」と、協議者全員の関係性が確認できる戸籍謄本の提出を求められる場合があります。

また承継の変更理由や承継者が家族や地域の慣習と違うなどといった場合には、共通書類とは異なる書類が必要になる場合もあります。

必要な手続きを済ませて承継者になると、お参りや法要、墓まわりの掃除、年間管理料の支払いなど、

◆公営墓地の場合の手続きに必要な書類等

- ●承継使用申請書
- ●誓約書
- ●申請者の実印と印鑑登録証明
- ●申請者の戸籍謄本
- ●使用者(名義人)と申請者の続柄が確認できる戸籍謄本等
- ●使用許可証

※墓地・霊園などによって、必要書類には違いがあります。管理者に確認してみましょう。

お墓の管理者によってさまざまなつとめが発生します。

年間管理料は、平均で6000～7000円程度といわれていますが、墓地の立地や規模によっても大きく変わってきます。これは、マンションの家賃や管理費が地域によって違うことをイメージするとわかりやすいかもしれしません。

また一般的な墓地よりメンテナンスに費用がかかる納骨堂のほうが、管理料が高くなる傾向があるようです。

お墓を継ぐと法要やお墓の手入れなどさまざまなつとめが発生する

承継者になると発生するつとめは、お墓の年間管理料の支払いだけではありません。

お寺にお墓があってそのお寺の檀家の場合には、檀家としてのつとめやお布施が必要となります。お墓が公営墓地や民間霊園にあったとしても、菩提寺がある場合には同様に檀家としてのつとめが発生します。

また、お墓参りに行く場合にも費用が必要となります。お墓が遠方にある場合には、家族分の往復の移動費に加えて、宿泊費がかかることも考えられます。お墓が近くにあったとしても、お参りに行く場合には半日～1日がかりになってしまうこともあるでしょう。年間管理料の支払いよりも、「お墓参りのほうが負担が大きい」と思う人も多いかもしれません。

依頼者に代わってお墓参りや掃除・手入れをしてくれる「お墓参り代行サービス」

「荒れた状態にはしたくはないけど、お墓が遠くて、時間や体調の問題でなかなかお参りに行けない」と言う人には、「お墓参り代行」を利用するという方法もあります。お墓参り代行は、依頼者に代わってお墓の清掃（草取り）、お供え物やお花の交換、お参りをしてくれるサービスです。清掃作業前後の写真を撮って送ってくれるので、依頼者は遠くにあるお墓の状況を自宅にいながら確認することができます。料金はお墓の大きさやサービスの内容によっても変わりますが、平均1万～2万円ほどと言われています。

◆お墓の承継と同時に引き継ぐつとめ

- 墓地・墓石の管理、維持、墓地の管理料の支払いなど
- 仏壇の管理、自宅に仏壇をおいての毎日のおつとめ、僧侶の月参りを受ける
- 先祖の法要を営む
- 寺院墓地の場合、檀家のつとめ（寺院の行事への参加、寺院維持のための寄進）

ポイントまとめ

墓地管理者に承継の連絡をする。

必要な手続きや書類などは、連絡した際に知らせてもらえる。

お墓を継いだ場合、どんな法要をしたらいいのでしょうか？

法要スタイルは承継者が中心となって決める

お墓を引き継いだ場合、次に気になるのは「年忌法要はいつやったらいいのか？」という点ではないでしょうか。年忌法要は、一周忌や三回忌などの故人の祥月命日（年に一度くる命日のこと）かそれに近い日に身内や親しい人が集まって故人の冥福を祈る仏教的儀式です。

一般的には三十三回忌か五十回忌で「弔い上げ」をして年忌法要を終わりますが、近年では十三回忌や十七回忌で弔い上げする例も多く見られます。

またコロナ禍においては、多くの人が集まる場を減らすために、葬儀・告別式の際に四十九日法要まで一緒に行うケースも多く見られました。

法要は、故人の霊を慰め、親族や知人が顔を合わせるいい機会です。場合によっては簡素化したり他の故人（先祖）と一緒に合同法要という形で行うことも可能です。承継者や遺族が高齢だったり病気だったりする場合は、生きている人の都合を優先して、法要を行わない例も多く見られます。

法要は、葬儀に比べて承継者がしなければならないことが多く、それも年忌法要が減少している要因の

主な年忌法要一覧

年忌法要は、故人の祥月命日に行う法要のうち年度単位で行うものを指します。

※法要の内容は、宗派や家族の意向などで違います。以下は一例です。

法要	時期	内容
一周忌（いっしゅうき）	死後1年目	遺族、親族、友人などが参列し、僧侶による読経後、一同で焼香や会食を行うことが多い。
三回忌（さんかいき）	死後2年目	遺族、親族、友人などが参列。一周忌同様に、僧侶の読経後に焼香や会食を行う場合が多い。
七回忌（ななかいき）	死後6年目	一般的には、遺族と親族で法要を行うことが多い。
十三回忌（じゅうさんかいき）	死後12年目	遺族だけで法要を行うことが多い。近年ではこの年で弔い上げをする場合もある。
十七回忌（じゅうななかいき）	死後16年目	遺族だけで法要を行う。省略したり、この年で弔い上げしたりする場合もある。
二十三回忌（にじゅうさんかいき）	死後22年目	遺族だけで法要を行う。省略したり、この年で弔い上げしたりする場合もある。
二十七回忌（にじゅうななかいき）	死後27年目	遺族だけで法要を行う。省略したり、この年で弔い上げしたりする場合もある。
三十三回忌（さんじゅうさんかいき）	死後32年目	遺族だけで法要を行う。近年では一般的にこの年に弔い上げをする。
五十回忌（ごじっかいき）	死後49年目	遺族だけで法要を行う。地方によっては、この年に弔い上げをするところもある。

ひとつといえるかもしれません。葬儀の場合は葬儀社にお願いすれば、場所の手配から引き物の準備、御礼状の作成までをまとめて仕切ってくれるので、葬儀社に任せて故人の葬儀に集中することができます。ですが、法要の場合はそうはいきません。法要ではお寺に連絡して住職に法要での読経をお願いし、会場を手配し、法要後の会食の段取りや引き物選び、御礼状の準備などをすべて自分で取り仕切ることになります。仕事と並行してこれらの準備を行うことは、かなり大変な作業といえるでしょう。

法要後の会食場所ですが、かつては「喪服お断り」とされていたホテルやレストランでも近年は積極的に会食を受け付けているところが増えています。故人と縁のある場所で行ってもいいでしょう。

ポイントまとめ

さまざまな理由から年忌法要は簡素化の傾向にある。

お墓や位牌を兄弟や親族と分けて継ぐことはできますか？

お墓や家系図などの「祭祀財産」は分割して相続できない

民法897条に「系譜、祭具及び墳墓の所有権は、慣習に従って祖先の祭祀を主宰すべき者が承継する。」と規定される祭祀財産。祭祀財産とは、先祖を祀るものや家の祭祀を司る用具一式のことで、お墓や位牌、家系図などのことを指します。

これらの祭祀財産は、お墓は長男が、位牌は妹が、家系図は弟がというようにバラバラに継ぐことはできず、承継者がすべてを一括で承継することになります。

承継した祭祀財産は、承継者が自由に取り扱うことができ、処分することも可能です。

ただし、自由に取り扱えるとしても、お墓は家や一族にかかわるものなので、独断で処分を決めれば親族とトラブルになりかねません。事前に家族や親族と相談しておくことが必要となるでしょう。

祭祀財産は法律により承継者がすべてをまとめて承継しますが、日頃のお墓参りやお墓の手入れをする墓守を別の人にお願いすることもできます。例えば故郷のお墓を承継した人がお墓から離れた地域に住んでいた場合、お墓の近くに住む親族が墓守を引き受けてくれるなら、その人に任せることはなんの

問題もありません。

祭祀財産を承継しても遺産を多くもらえるわけではない

故人の遺産を相続するにあたって、祭祀財産を承継することを理由に多くの遺産を要求することはできません。祭祀財産の承継者であっても、遺言に書かれてあったり、相続人同士の話し合いで決められたりした以外の遺産を要求することは認められていないのです。

また祭祀財産は、通常の相続財産と違って放棄することができません。通常の遺産の場合は、借金などの負の遺産は相続分すべてを放棄することで逃れることができますが、祭祀財産には「受け継がない」という選択肢はありません。

なお祭祀財産の承継者については、被相続人が遺言などで指定することができます。祭祀財産の承継については法律上放棄するという制度がないため、指定された人が承継することになります。

承継者の許諾があれば遺骨を分骨することは可能

承継者は、受け継いだ祭祀財産に関するすべての決定権を持つことになります。祭祀財産を分割して承継することはできませんが、承継した祭祀財産に含まれる遺骨を分骨するといったことは、承継者の許可があれば可能です。母の遺骨を兄弟で取り合うといった話がときどきありますが、祭祀財産承継者の許諾があれば分骨することができるのです。

ポイントまとめ

祭祀財産は、すべての決定権とともに承継者がまとめて承継する。

墓守には、兄弟や親族などを立てることもできる。

ひとりっ子同士で結婚した場合、両家のお墓は誰が承継する？

ひとりで両家のお墓を継ぐことも、お墓をひとつにしてしまうこともできる

少子化が進む現在の日本では、ひとりっ子の家庭も少なくありません。このまま少子化が進めばこうした家庭はますます増加し、それに合わせてひとりっ子同士が結婚するケースも今以上に増えていくことでしょう。

ですがお墓の承継問題については、13ページで紹介したように性別による制限はなく、夫婦のそれぞれが実家のお墓を承継することも可能です。場合によっては、夫婦のどちらかが両家のお墓をまとめて承継することもできます。

両家のお墓がどちらも家から離れたところにあり、管理やお墓参りなどに不便を感じている場合は、ふたつのお墓をひとつにまとめてしまうことができます。これを「両家墓」といいます。ひとつの墓石に「〇〇家」「△△家」と並列で名前が刻まれているお墓を見たことがある人も多いのではないでしょうか。家族や親族と話し合ったうえで、お墓をひとつにまとめてもよいという了解が得られる場合には、こうした両家墓にしてしまうのもひとつの方法です。ただし、両家墓にするにあたってはいくつか注意

点があります。例えば仏教とキリスト教のお墓では、信仰上の都合もあり、両家墓にするのは難しいでしょう。また両家とも仏教だったとしても、それぞれが特定の宗派をあつく信仰している場合には、やはりひとつにまとめるのは難しいと思われます。

またそれほど信心深いというわけではなくとも、両家とも寺院墓地にお墓があってそのお寺の檀家である場合には、どちらの宗派に合わせるかというのも問題になります。まとめる先が寺院墓地の場合、今後は両家ともその寺院で葬儀や法事をしなければ墓地に納骨することができないので、その点も話し合わなければならないでしょう。

改葬先のお墓によっては改宗を求められることも考えられますし、地域や寺院によっては納骨の仕方が違う場合もあります。両家墓を実現するためには、こうした細かい点をひとつずつクリアにしていく必要があります。

民間霊園や公営墓地の中には、「宗旨・宗派不問」「宗教自由」を掲げているところがあります。そうした墓地であれば、宗派が違っていても一緒に納骨できる可能性は高いでしょう。

両家墓を実現するためには、その墓地の規則をはじめとした細かい点を確認し、管理者とよく話し合っておくことが大切です。

ポイントまとめ

ひとりでふたつのお墓を承継することもできる。

両家のお墓を「両家墓」としてひとつにまとめてしまうことも不可能ではない。

離婚や再婚からお墓のトラブルが起きることはありますか？

承継者が子どもの代になってからトラブルが起きることも

ライフスタイルの多様化が進む現代においては、男女の関係や家族関係も一昔前とはかなり様変わりしています。

厚生労働省が発表した人口動態統計によれば、２０２０年（令和２年）の日本の離婚件数は19万３２５３組。過去最高の約29万組を記録した２０００年（平成12年）以降は減少傾向にあるとはいえ、１９７０年（昭和45年）の約２倍もの離婚数を記録しています。離婚やそれにともなう再婚などの増加は、お墓にまつわる諸事情にも大きな影響を与えており、さまざまなトラブルが生じる要因のひとつとなっています。

たとえば妻に先立たれた男性が再婚し、新しく迎えた妻も不幸にして病気で亡くしてしまった場合、この妻の遺骨を前妻が眠るお墓に入れるかどうかは、少々悩ましい問題です。しかも前妻との間に子どもがいて後添えの妻との間には子どもがいない場合には、将来的にこのお墓は前妻との子どもが承継することが考えられます。その場合、もし後添えの妻の遺骨をこのお墓に入れたとすると、将来的には前妻

の子が後添えの妻の遺骨を守っていくということになります。子どもの立場からすると、こうした状況は心情的に納得できない場合も多いのではないでしょうか。

お墓に誰を入れるかを判断する権限は、そのお墓の承継者が持っています。承継者がOKを出せば、墓地の使用規則に違反していない限りは、たいていの親族はお墓に入れることが可能になります。しかし、父が承継者の時代は問題なかったことが、子どもの代になってからトラブルになるというケースは少なくないようです。

「母が眠っているお墓に、どうして後妻を一緒に入れるのか?」といった感情的な引っかかりがトラブルに発展しやすいといえるでしょう。承継者には、お墓に誰を入れるかを決める権利があると同時に、お墓に入れないと決める権利もあります。父が入れると決めた後添えの遺骨に対して、息子が承継者になってから「母の入ったお墓には一緒に入れておけない」と言い出すことでトラブルが生じるケースもあるのです。

こうしたトラブルを防ぐためにも、お墓に誰を入れるかについては家族や親族と事前に話し合っておくことが大切です。

前夫が眠るお墓に新しい夫を入れることもできる

夫と死別した妻が婚家の墓を承継した後に再婚をした場合は、民法769条に従って、死別した夫の親族と、お墓を今後どうするかについて話し合わなければいけません。

親族にお墓を返すことがまっ先に考えられますが、死別した夫との間に子どもがいる場合は、その子どもがお墓を承継することも可能ですから、きちんと話し合う必要があるでしょう。

もし死別した夫のお墓が新しいもので、前夫ひとりしか納骨されていないなら、子どもと新しいパートナーが理解を示せば、そのお墓に前夫と妻と新しいパートナーで入ることも可能です。

公営墓地や民間霊園では、承継者の「6親等以内の親族、配偶者、3親等以内の姻族」までを一緒に埋葬することができると規定している場合が一般的です。前夫も新しいパートナーも、承継者である妻からすればどちらも「配偶者」になるので、規則上はなんの問題もなく入れるのです。

また子どもにお墓を承継する意志があれば継がせることも問題ありませんし、将来的に代々受け継いでいくことも可能です。

父の「内縁の妻」を父と同じお墓に入れるのは難しい

両親の離婚後、長らく父と内縁関係にあった女性を父の眠るお墓に入れたいという場合にも注意が必要です。現在の承継者である息子が父の内縁の妻だった女性をお墓に入れることに同意していたとしても、入れられない可能性があるのです。

「内縁関係」とは、婚姻届けは提出していないがお互いに「婚姻の意思」を持ち、「夫婦同然の共同生活」を営んでいる男女の関係を意味します。法的に認定されれば、法律婚に準じた権利が認められる場合がありますが、「死別した場合に遺産の相続人になれない」「父親が子どもを認知しなければ親子関係が発生しない」などといった大きな違いもあります。

この内縁関係は、別居すると「夫婦同然の共同生活」の実態がなくなり、内縁関係が解消されたとされる場合が多くあります。内縁関係が解消されれば、離婚した夫婦同様に他人に戻ることになります。

他人をお墓に入れる場合には、承継者の許諾があることは大前提ですが、加えて墓地の管理者の許諾が必要となります。ところが多くの墓地では、使用規則で他人を入れることを禁止していることが多いのです。

お墓は、承継者による転売や貸与が禁じられています。そのため第三者である他人をお墓に入れることは、「他人に貸した」と見なされてしまう場合があります。そうした事態を防ぐために、多くの墓地や霊園では親族ではない他人を入れることを禁じているのです。

お寺が管理する寺院墓地であれば、事情によっては住職の判断で許可される可能性があるかもしれません。ですが歴史のある寺院墓地の中には、公営霊園以上に規則が厳しい場合もあるので、事前に確認することが大切です。

しかし厚生労働省発表の「墓地経営・管理の指針等について」によれば、「使用者の親族及び縁故者」としたうえで、納骨できる対象者の範囲を墓地によって別の定め方をすることも可能であるが、その範囲を著しく制限するような規定は不適切であると示されています。つまり、内縁関係などの特別な事情がある場合は、墓地使用規則があっても納骨を認められることもあるのです。

内縁関係や再婚などで新しいパートナーと生きることを決めたのであれば、新しいお墓を建てるという選択肢を考えてみるのもいいかもしれません。

ポイントまとめ

お墓に誰を入れるかについては、現パートナーや子ども、親族との相談が不可欠。

再婚する場合には、新しいパートナーとのお墓を建てることも検討を。

母の遺骨を離婚した父方のお墓に入れるのは変ですか？

離婚が原因で入るお墓がなくなってしまう事態もありうる

現代においては、特に珍しいことではなくなった「離婚」。さまざまな理由で破綻した夫婦関係を解消して新たな人生を歩むことは、決して悪いことではありません。壊れた夫婦関係にしがみつくより、離婚して新たな生活を歩んだほうが幸せになれるかもしれませんし、新たなパートナーとめぐり合って再婚することもあるかもしれません。

ですが、この離婚が原因でお墓にまつわるトラブルに巻き込まれてしまう場合があります。たとえば離婚が原因で入るお墓がなくなってしまうケースもありうるのです。

離婚して再婚した女性が亡くなった場合、通常なら再婚相手の男性のお墓に入ることになります。ですが、再婚相手のお墓には先妻が入っていて、先妻との子どもがお墓を承継している場合、お墓に入ることを断られるケースがあります。

この場合、次に考えられるのは女性の実家のお墓ですが、この場合もお墓の承継者が兄弟姉妹からその子どもの代に替わっていれば、いい顔をされない可能性もあるかもしれません。代替わりしておらず

に兄弟姉妹が承継者をしていれば「入れてもいい」とは言ってくれるかもしれませんが、承継者がいなくて「墓じまい」を考えているなどといった場合には、遺骨が増えることに対してやはりいい顔はしないでしょう。

そうなると、残っているのは元夫のお墓ということになります。元夫のお墓であれば、自分の子供がお墓の承継者になっていることも考えられますから、希望すればすんなり入れるかもしれません。

ですが、離婚した男性のお墓に入りたいと言う女性は、まずいないでしょう。しかもそのお墓には元夫の両親も入っているでしょうから、女性にとってはますます居心地のよくない、入りたくないお墓と言えるかもしれません。

再婚相手のお墓にも実家のお墓にも入れず、元夫のお墓にも入りたくないとなると、もう入れるお墓がないという形になってしまいます。

こうなると、結局は新しいお墓を用意するしかないという結論に至ります。そのお墓と継ぐ人がいないようであれば、新しいお墓は「樹木葬墓」や「納骨堂」なども含めた承継者不要の「永代供養墓」を選ぶことになるでしょう。

離婚を決意した時には、想像もしなかったであろうお墓のトラブルですが、決して他人事ではありません。将来自分が入るお墓について、元気なうちに確認してみるのもいいかもしれませんね。

ポイントまとめ

離婚を考えたら、将来自分が入れるお墓があるのかをまず確認してみる。

自分でお墓を手配することも検討を。

離婚して親権を持つ母方ではなく父方のお墓に入れませんか？

子どもがお墓に入れるかどうかは両親の離婚の影響を受けない

離婚は夫婦ふたりだけの問題ではありません。その影響は必ず子どもにも及びます。子どもが未成年であれば、その親権を巡って夫婦で争いが起こることもよく聞く話です。

子どもの年齢が低い場合、かつては母性が優先されて母親が親権を得るケースが多かったといわれていますが、近年では両親のどちらが子どもの面倒をより見ていたかという点が重視される傾向に変わりつつあります。

子どもが15歳以上の場合には、その子の意思を確認することが法律で定められており、定期的な面会などを通じて離婚後も両親と子どもが良好な関係を継続することが推奨されています。

そうした環境においては、親権者ではない父と子どもが関係性を維持して、成人後に子どもが将来自分が入るお墓について考えることも十分に考えられます。離婚後の両親の再婚なども、子どもの考えに影響を与える要素かもしれません。

子どもが親権者ではない父方のお墓に入ることを望んだ場合、父がお墓の承継者であればなんの問題もありません。子どもはお墓の承継者の実子ですから、父親の許可さえ得られればお墓に入ることができます。子どもにその意志があれば、父方のお墓を承継することも可能です。

もし子どもが結婚すれば、そのパートナーも同じお墓に入ることができますし、孫が生まれれば、その孫がお墓を承継することさえできるのです。

思ったより広い⁉ 同じお墓に入れる親族の範囲

一般的な墓地や霊園では、お墓に入れることができるのは「承継者から見て六親等以内の血族、配偶者、または三親等以内の婚族まで」と規定されている場合があります。「三親等以内の婚族」とは、わかりやすくいうと「曾祖父母から甥・姪、曾孫までの親族とその配偶者」ということになります。「六親等以内の血族」で考えると、その範囲はさらに広くなります（詳しくは76ページ参照）。

これだけ入ることができる親族がたくさんいる中でも、子どもは一親等ですから、もっとも承継者に近い血族になります。

ポイントまとめ

両親が離婚していても、子どもはどちらのお墓にも入ることができる。

お墓に入れる範囲は、血縁の近さによって制限を受けることがある。

婚家のお墓に入りたくない！実家のお墓に入ることはできる？

遺言では拘束力がなく不十分！生前から実家のお墓の承継者の承諾を

「嫁と姑のいさかい」は、昔も今も変わらず夫が頭を抱える問題です。そうした「嫁姑問題」の延長線上にある話として、近年では「死後まで婚家や夫に縛られたくない」ということで、「婚家のお墓に入りたくない」という声を耳にするようになりました。

　結論からいうと、「嫁いだら婚家のお墓に入らなければいけない」という法律や決まりはありません。墓埋法は墓地や火葬場の管理と埋葬などがスムーズに行われることを目的として制定されており、誰がお墓に入るかを定めた規定はありません。民法にはお墓などの祭祀財産を受け継ぐ承継者についての規定はありますが、お墓に入る人に関する規定はないのです。

　では婚家のお墓に入らないためには、どんな準備が必要でしょうか。

　まずすべきことは、夫や子どもとの話し合いです。生前に自分の意思をしっかり伝えて理解を得ておかないと、死後に当然のように婚家のお墓に入れられてしまいます。「遺言書で書いておけばいい」と考える人もいるかもしれませんが、実は遺言書で

は祭祀主宰者の指定はできますが遺骨の取り扱いについては指示ができません。法的に効力を発する遺言事項は法律で定められており、これには納骨先は含まれていないのです。ですから希望を伝えることはできますが、祭祀主宰者にそれを守る義務は残念ながらありません。

夫がすでに死亡している場合には、「婚族関係終了届」を役所に提出することで夫の親族との縁を切ることができますが、お墓に入らないことを宣言するものではありません。

実家のお墓に入りたいと考えるのであれば、お墓の名義人との話し合いが必要になります。嫁いだ後に実家のお墓に入るためには、名義人の了解が必要となるからです。もしまだ夫の姓を名乗っているのであれば、お墓の管理規約も確認しておくことも大切です。

「夫は好きだけど婚家とは折り合いが悪いので、夫婦だけのお墓を持ちたい」「死後は自分だけのお墓で眠りたい」という場合は、新しいお墓を検討することになります。「夫婦だけのお墓」「自分だけのお墓」の場合、どちらも一代限りのお墓となりますから、「樹木葬墓」などを含めた「永代供養墓」を検討してみましょう。

ポイントまとめ

夫や子どもと事前によく相談することが大事。

実家のお墓の承継者との話し合いも必要になる。

信じる宗教・宗派が違う家族は檀家の墓地に入れる？

祖伝来のお墓を承継している場合、夫婦や家族で同じお墓に入りたいと願っても、それがかなわない場合があるのです。

承継しているお墓が寺院墓地である場合、他宗教・他宗派を信仰する人の納骨を断られたり、改宗を求められたりすることがあります。

また、墓地の管理者から納骨を認められたとしても、供養はその墓地の宗派にそって行われることになるので、あつい信仰心を持つ人の場合は不本意な形になってしまうかもしれません。

こうした場合の解決策としてもっともシンプルなのが、承継しているお墓以外の夫婦や家族だけで入

寺院墓地の場合は難しい。他の選択肢を模索するべき

日本では憲法第20条によって「信教の自由」が認められており、さまざまな宗教・宗派が信仰されています。特定の宗教を信じる自由、信仰を変える自由、宗教を信じない自由が保障されているのは本当にすばらしいことですが、そのために夫婦や家族であっても信じる宗教・宗派が違うという状況も生まれます。

こうした状況で問題になるのが「お墓」です。先

れるお墓を新たに建てることです。

この場合は、どんな宗教を信仰していても入ることができる「宗教不問」のお墓を選ぶことになります。公営墓地であれば原則としてどこも宗教不問ですし、民間霊園の中にも宗教不問のところがたくさんあります。「樹木葬墓」や「納骨堂」でも宗教不問のところが数多くあります。また寺院墓地であっても、檀家の区画とは別に、宗教不問で誰でも入れる区画を設けているところもありますので、確認してみましょう。

なお、「宗教不問」と混同されやすい言葉として、「宗旨・宗派不問」「過去の宗旨・宗派不問」があります。

「宗旨・宗派不問」とは、「仏教であれば宗派は問わない」という意味で、真言宗や浄土宗、臨済宗など、どの宗派を信仰していても仏教であれば問題はないという意味になります。墓地によっては「在来仏教に限る」という条件付きで、新興宗教を制限しているところもあります。

「過去の宗旨・宗派不問」とは、「以前信仰していた宗旨・宗派は問わないが、お墓を建てる際には管理している寺院の宗派に改宗が必要」という意味で、改葬の場合には戒名のつけ直しが必要になる場合もあります。

新たにお墓を建てる以外の解決法として、逆に「お墓を持たない」という選択肢もあります。荼毘に付した遺骨を「散骨」するのです。散骨であれば、今後お墓のことで悩む必要はなくなります（「散骨」については114ページを参照）。

いずれにしても、家族や親族に相談することが大切です。事前によく話し合ってみましょう。

ポイントまとめ

信じる宗教・宗派が違っても問題なく家族で入れる「宗教不問」の霊園を探す。

お墓に入るのではなく、「散骨」してもらうという選択肢もある。

お墓の使用権には契約更新はあるの？

「永代使用権」なので原則更新不要だが稀に契約更新が必要な霊園もある

お墓の場合、承継者は建てるときにその墓地や霊園が続く限り自分の家のお墓の土地を利用することができる「永代使用権」を手に入れています。そのためマンションの賃貸契約などとは違って、定期的な更新手続きや追加料金の支払いは基本的にはありません。

しかし承継者が代わった場合は名義変更手続きが必要となりますし、その際には手数料を支払う必要があります。

また、承継者は毎年「年間管理料」を支払わなければいけません。この「年間管理料」は、マンションの管理費と同じように墓地の共有部分の維持・管理にかかるものです。各家のお墓は承継者自身が管理するものなので、清掃などは自分で行うことになります。

お墓の土地は墓地や霊園のものであり、私たちは墓地や霊園の土地を借りているにすぎません。

承継者が「年間管理料」を数年間滞納すると、お墓が「無縁墓」と認定されることがあります。そうなると、撤去・処分の対象となりますので注意が必

要です。

「永代供養墓」などでは決められた期間が満了すると合葬に

墓地や霊園が続く限りお墓を使い続けられる「永代使用権」ですが、なかには期限付きの「更新型使用権」を採用している墓地や納骨堂もあります。

日本で最初にこのシステムを導入した千葉県の浦安市墓地公園では、使用期間が30年と設定されており、期間満了時に更新手続きをして次の更新までの使用料を支払うスタイルをとっています。更新手続きが行われないお墓については、遺骨が合葬墓に改葬されることになります。

また多くの「納骨堂」では、使用期間が満了すると合葬されるシステムを採用しています。「樹木葬墓」でも、こうした使用期間が決められているスタイルのところが数多くあります。特に都市部で多く見られる「樹木葬墓」では、購入した区画に骨壺を埋蔵し、決められた使用期間が過ぎると合葬される方式のところがほとんどです。

将来的に合葬されることが前提の墓地の場合、合葬されてしまうと遺骨をとり出すことができなくなります。子どもや孫の代になって「やはり家墓に改葬したい」と思っても手遅れになることがありますので注意が必要です。

年間管理料の目安

3000円～1万5000円

※墓地・霊園の立地や利便性、サービス内容によって金額は異なります。
※年間管理料については、47ページもご参照ください。

年間管理料値上げ

※寺院墓地の場合は「護持会費」という名目になることがあります。

ポイントまとめ

「永代使用権」を得ているので、基本的に更新はない。

お墓の管理やメンテナンスはどんなことをしたらいいの？

墓地の共用部分は管理会社　各家のお墓は自己管理

名義人変更の手続きを終えて、先代名義人から晴れてお墓を承継すると待っているのが、お墓の「管理と維持」です。

「年間管理料を払っているのだから、墓地の管理会社が面倒をみてくれるんじゃないの？」と思う人がいるかもしれませんが、これは大きな間違い。管理会社は墓地の共有部分である参道や水道などの管理・維持・清掃は受け持ってくれますが、各家のお墓については管轄外になります。マンションと同じように共有部分以外のお墓の区画内の管理や清掃は、自分たちで行わなくてはいけないのです。

こまめに掃除をすることがお墓を長持ちさせるコツ

お墓を掃除せずに放置すると、雑草が茂ったりコケが生えたりして、すぐに荒れてしまいます。こうなると墓石にシミがついたり傷んだり、ひどいときにはヒビが入ったりしてしまいます。こまめにお掃除してきれいに保つことは、お墓を長持ちさせることにもなるのです。

お墓は基本的に屋外にあるものですから、風雨にさらされて何もしなくても汚れてしまいます。お墓の汚れの原因は、主に空気中のホコリや花粉、鳥や虫のフン、湿気によって生えてしまうカビやコケなどです。これらを放置すると、どんどん頑固で落ちにくい汚れになっていきます。

やわらかい布やスポンジを使って水洗いするだけでもある程度の汚れを取り除くことができますから、

できるだけこまめにお掃除してあげることを心がけましょう。

掃除の手順としては、まず敷地内の落ち葉を掃除し、植木などがある場合は植木バサミなどを使って隣に飛び出した枝や墓石にかかっている葉を切りそろえましょう。

次に墓石を水洗いします。タワシは墓石に傷をつけてしまうことがあるので、柔らかい布やスポンジを使って軽く磨くように洗ってください。コケはヒビ割れの原因にもなるので、きちんと落としておきましょう。

なお酸素系や塩素系の洗剤は、墓石を変色させてしまう可能性があるので注意してください。

墓石がきれいになったら花立てや線香皿などを掃除します。パーツが取り外せる場合は、外して水洗いしてください。花立ては細長いので、柄付きのスポンジなどがあると便利です。

お墓がきれいになったら、お線香やお花をお供えして手を合わせましょう。

お供えする花にもちょっとした気配りを

お墓にお供えするお花にも、できれば気を配りたいものです。たとえばバラなどのトゲのある花は、掃除の際にケガをする可能性があるので、トゲはとったほうがいいでしょう。

またユリの花粉は墓石につくとシミの原因になるので、これもとっておくといいかもしれません。

なお、「匂いのきつい花」や「毒のある花」は避けたほうがいいと言われることがありますが、お供えによくつかわれる菊やスイセンは匂いが強い花ですし、スズランには毒があります。そうした点は、あまり気にしなくてもいいのかもしれません。故人の好きだった花や自分の好きな花、日持ちする花などを選んでお墓にお供えしましょう。

ちなみに、故人が好きだったということで墓石にお酒をかけている人をときどき見かけますが、これもシミの原因になるので避けたほうがいいでしょう。故人が好きだったのであれば、お供え物として供えることをおすすめします。

ポイントまとめ

お墓の汚れは墓石のシミやヒビ割れの原因になるので要注意。

墓石の汚れはやさしく水洗い。洗剤はシミや変色の原因になる場合がある。

お墓参りの一般的な流れ

宗派で作法に違いがあり、地方によっても細かい差異があります。ここでは一般的な方法を紹介します。寺院墓地の場合は本堂にも手を合わせましょう。

1
手を清める
墓地に行ったら、まずは手を洗って清めましょう。それが済んだら水場で水桶に水を汲み、お墓に向かいます。

2
掃除する
まずお墓に合掌礼拝します。そのあと掃除にとりかかります。まずは、お墓まわりの落ち葉を掃除し、雑草を抜きます。次に墓石を水洗い。線香皿や花立てなども洗ってきれいにします。墓石の彫刻部分や目地などは、歯ブラシを使うと便利です。掃除が終わったら、区画に最後に打ち水をします。

3
お供えをする
水鉢に水を入れ、花立てには持参した花をさします。お線香に火をともして線香皿に置き、お供え物は半紙などの上に載せて供えます。参拝後、カラスなどに荒らされないようにお供え物は持ち帰ります。

※現在、多くの寺院・霊園で、持ち帰りがルール化されています。

4
合掌礼拝する
墓前にしゃがんで合掌します。

お墓を継ぎたくない！お墓を放置したらどうなるの？

放っておくと「無縁墓」として撤去されることもある

なんらかの理由でお墓を承継できない場合や、承継手続きをしたにもかかわらず年間管理料を納めずに放っておくと、そのお墓は「無縁墓」に認定されることがあります。「無縁墓」とは、管理・承継者がいなくなったお墓のことです。「無縁墓」と認定されたお墓は、墓地の管理者によって撤去されてしまうことがあります。

「墓地はウチが買ったのに、勝手に撤去するなんてひどい！」と思う人もいるかもしれませんが、それは大きな勘違いです。お墓の購入者は、お寺や霊園の土地の「使用権」を買ったのであり、土地そのものの所有権はお寺や霊園に帰属します。「墓地を購入する」＝「土地を購入する」ではなく、墓地の購入者はお墓の土地を借りているにすぎないのです。

このお墓の土地を借りる権利のことを「永代使用権」といいます。そして、永代使用権を得るための料金を「永代使用料」もしくは「永代利用料」といいます。

この「永代」という言葉は、「お墓の祭祀主宰者が承継される限り」ということを意味します。「永

代使用権」は、使用者が亡くなると基本的には権利を返還することになるのですが、承継者に名義変更することで権利が存続します。

ちなみに、もし「永代使用権」を返還することになっても、支払った永代使用料が返金されることはありません。また永代使用権は原則として譲渡したり貸したりすることができません。

この「永代使用料」はお墓を建てるときに支払うため、「土地を購入している」と錯覚してしまう人が多いのかもしれません。

草が伸び放題で長年放置されていても「無縁墓」とは限らない

「年間管理料」の支払いが数年にわたって滞り、墓地や霊園の管理者からの連絡にも対応せず、立て札を立てて公示するなどの手続きをしても届け出がない場合、そのお墓は「無縁墓」として認定されることになります。

ここで注意しなくてはいけないのは、「お参りに行く人がいない」＝「無縁墓」ではないということです。「無縁墓」は「管理者がいなくなり年間管理料が支払われなくなったお墓」を意味する言葉で、お墓参りや手入れの有無とは関係ないのです。

そのため「無縁墓」は、見た目だけでは判断することが非常に難しいものとなっています。草が伸び放題で墓石がコケだらけだったとしても、年間管理料が払われていれば、そのお墓は「無縁墓」にはならないのです。

また、将来的に承継者となる子どもがいるから「無縁墓」にはならないと考えるのも早計です。未来の承継者がいたとしても、年間手数料を滞納すれば「無縁墓」に認定される可能性は高いのです。

撤去されないお墓はそのまま放置される!?

「無縁墓」に認定されると「永代使用権」が剥奪されてしまい、管理者がお墓を撤去できるようになります。ですが、実は必ずしも撤去されるとは限りません。都市部に近い好立地の墓地では「無縁墓」を撤去してその土地を再度販売することもありますが、地方の墓地では「無縁墓」に認定されたとしても、そのまま放置されているケースが見られます。

お墓を撤去するには、それなりのお金がかかります。この撤去費用は、寺院墓地や民間霊園ではそこを運営している管理者の負担となります。

またお墓を撤去する際には、そのお墓に納められていた遺骨も処分しなくてはいけません。こうした場合、遺骨は合葬墓に改葬されることになるのですが、この改葬にも当然費用がかかります。

こうした費用負担をした上で土地を再販売したとしても、管理者側にはあまり利益が期待できないという現実があります。一度墓地として使用された土地は、未使用の土地に比べて価格が安くなる傾向があるのです。

それでも都市部に近い好立地の霊園であれば、それほど値段を下げなくても買い手が見つかる可能性は高いでしょう。公営墓地であれば他のお墓と一律の値段で販売することになると思いますが、地方の民間霊園ではそうもいきません。

購入希望者には事前にその土地がお墓として使われた事実を伝えなければなりませんから、「無縁墓」を撤去する費用と労力をかけたにもかかわらず、ビジネスとしては利益があまり期待できないということになってしまうのです。

管理者がこうした費用対効果を考えた結果として、「無縁墓」がそのまま放置され続ける状況が生まれているのです。

ポイントまとめ

放っておいても、年間管理料を支払っていれば「無縁墓」にはならない。

「無縁墓」に認定されると、管理者によって撤去されることもある。

永代使用料と年間管理料の目安

●永代使用料

東京都内とその近郊の民間霊園（1平方メートルあたり）の場合。

23区内
…100万円～200万円

東京都下
…20万円～100万円

そのほかの地域
…5万円～20万円

※民間霊園や寺院墓地の場合、1平方メートルあたりの永代使用料が高い施設は墓所の区画を小さく、安いところは区画を大きく設定するのが一般的です。なお、都立霊園の場合は、返還墓所の再販売となるため、墓所の面積が比較的大きめとなっています。

●年間管理料

年間管理料は毎年納める料金です。墓地全体の清掃や設備の維持管理費にあてられます。

寺院墓地
…3000円～1万5000円前後

公営墓地
…3000円～1万円前後

民間霊園
…3000円～1万5000円前後

※墓地・霊園のある場所や利便性、サービス内容でその金額は異なります。

子どもがお墓を継いでくれない！お墓はどうしたらいいですか？

先祖代々のお墓の承継者問題で頭をかかえる人が増えている

以前は一族で代々引き継がれるのが当たり前だったお墓ですが、近年では核家族化が進み、さらには少子化も加わって、「跡継ぎ」の問題で悩む人が増えています。「お墓から遠く離れた地域で暮らしている」「管理・維持の負担を負いたくない」などの理由から子どもにお墓の承継者になることを拒否されてしまったり、そもそも「子どもがいない」ために承継者問題に悩む人が増えているのです。

お墓の承継者の決め方は実は法律で決められている

お墓を含む「祭祀財産」の承継者の決め方については、民法８９７条に規定されています。祭祀財産を受け継いだ人を「祭祀主宰者（祭祀承継者）」と呼びますが、この「祭祀主宰者」の決め方は法律で決まっているのです。

次の「祭祀主宰者」を選ぶ場合には、まず現在の「祭祀主宰者」の指定が優先されます。指定する方法は文書でも口頭でも可能ですが、一般的には遺言書で指定されることが多いようです。次の「祭祀主宰者」の指定にあたっては、相手の同意は必要なく、指定する相手についても特に制限がありません。法律上は親族以外の人を次の「祭祀主宰者」に指定することもできるのです。

「祭祀主宰者」が承継者を指定しないまま亡くなってしまった場合には、慣習にしたがって次の「祭祀主宰者」を決定します。この「慣習」とは、「社会生活において一般的に行われている暗黙のルール」といったような意味になります。かつては日本のほとんどの地域で、先祖伝来の土地などの家督を相続する長男が「祭祀主宰者」になっていました。ですがこうした慣習はすでに過去のものであり、現代日本に当てはめるのは難しいといえるでしょう。そのため現在では、親族会議などによって決めることが多くなっています。

「祭祀主宰者」からの指名がなく、親族会議でも合意にいたらなかった場合は、家庭裁判所によって次の「祭祀主宰者」を決めることになります。

◆お墓の承継者（祭祀主宰者）の決め方

お墓を含めた祭祀財産を受け継ぐ「祭祀主宰者」の決め方は、民法897条で決められており、以下の方法で決定することになります。

①祭祀主宰者が指定した人が次の祭祀主宰者になる。
②次の祭祀主宰者の指定がない場合は、慣習にしたがって決定する。
③①および②で決まらなかった場合は、家庭裁判所が次の祭祀主宰者を定める。

お墓を含む祭祀財産は相続財産と違い拒否することができない

こうしてお墓の承継者が決まっても、「承継者の息子に嫌だと断られた」と頭をかかえる人がいるかもしれません。しかし、これは息子さんが間違いです。法律上、「祭祀主宰者」になることは拒否できないのです。

　通常の遺産相続の場合は、相続放棄の手続きをすることで相続人としての地位を拒否することができます。借金などの負の遺産は、遺産すべての相続を拒否することで回避することができるのです。

　ところが「祭祀主宰者」については、相続放棄のような制度がありません。祭祀財産は相続財産とは分けて考えられており、相続人の地位を放棄しても祭祀財産については承継することになるのです。

　こうした制度のあり方について、不公平に感じる人もいるかもしれません。祭祀財産を承継して「祭祀主宰者」になると、お墓の管理料や法要の費用、檀家としてのお布施などの経済的な負担が発生しますから、そう考えるのも無理はないかもしれません。ですが「祭祀主宰者」には、祭祀を主宰する義務はありません。法律上、祭祀をまったく行わなくても罰を受けることはないのです。

　さらに「祭祀主宰者」には、祭祀財産に関するすべての権限が与えられているため、親族の同意なしにお墓を処分してしまうことも可能なのです。

　こうした点もふまえて、「祭祀主宰者」を選ぶ際にはじっくり考える必要があります。
「子どもがいない」「子どもに拒否された」「管理する苦労をかけたくない」など理由はさまざまですが、お墓の承継者問題で悩んだら、まずは家族や親族と相談することが大切です。ひょっとしたら、意外な答えが出てくるかもしれませんよ。

どうしても承継者が決まらない場合は「墓じまい」という選択肢も

法律にしたがってお墓の承継者を決めることはできますが、嫌がる相手に無理やりおしつけるのは考えものです。管理を放棄されて「無縁墓」（詳しくは44ページ参照）になってしまったら、お墓を承継した意味がなくなってしまいます。

家族・親族との話し合いでも承継者を選べない場合は、「墓じまい」を考えることも必要かもしれません。「墓じまい」とは、遺骨をとり出してお墓を解体し、お墓の土地を霊園の管理者に返還することをいいます。「墓じまい」をすることで、お墓参りや年間管理料の支払いや檀家としての義務など、お墓の承継者に負担をかけることはなくなります。

「墓じまい」をするにあたっては、まず親族との話し合いが不可欠です。お墓には親族と共通の親戚や先祖が眠っており、相談なしに「墓じまい」を行うと、あとから知った親族に「言ってくれればこっちで面倒をみたのに！」と怒られたりトラブルになったりすることも考えられます。そうしたトラブルを避けるためにも、たとえつきあいが薄くても知っている限りの親族に話をして同意を得ておいたほうがいいでしょう。

「墓じまい」で出てきた先祖の遺骨を改葬する

「墓じまい」をしてとり出した遺骨は、別のところに移さなくてはいけません。遺骨を移すことを「改葬」といいます。

「墓じまい」でとり出した遺骨の改葬先にはいくつかの選択肢がありますが、そのひとつが「合葬墓」です。

「合葬」とはひとつのお墓に複数の遺骨を合わせて葬ることで、こうしたお墓は「合葬墓」「集合墓」「共同墓」「永代供養墓」などといった名前で呼ばれます。

「合葬墓」は承継を前提としないお墓で、墓地や霊園が存続する限り遺骨を管理してくれます。骨壺から遺骨をとり出してほかの遺骨とまとめてお墓に納めます。

お墓の承継者を選ぶにしても、「墓じまい」を選ぶにしても、どちらも家族や親族との相談は欠かせません。「墓じまい」をしてお墓の永代使用権を墓地の管理者に返還し、遺骨を合葬すると、もう個別にとり出すことはできなくなってしまいます。

そうした点もふまえて、トラブルを防ぐために事前に家族・親族の同意をとっておくことはとても大切です。お墓の行く末については、じっくり考えたうえで決定しましょう。

ポイントまとめ

トラブル回避のためにも、まず家族や親族に相談を。

「永代使用権」は、一度返還したら取り消せない。

「無縁墓」にしないためには、「墓じまい」や「改葬」の可能性も考えてみる。

第2章

お墓を建てる

自分でお墓を建てる！
そう決意した人が直面することになる
さまざまな疑問を解決します！

一生に一度の買い物!? お墓を建てるときに直面する疑問に答えます

UNFPA（国連人口基金）が発表した2022年版世界人口白書によれば、男女ともに世界一の長寿国である日本。平均寿命は男性が82歳、女性が88歳となっていますが、定年退職や身近な死をきっかけにお墓のことを考え始める人が多いようです。

「家は一生の買い物」などと言われることがあります。なかには自宅を買い替えたり別荘を買ったりして何度も家を買う機会を持つ人もいるかもしれませんが、お墓を何度も買う機会がある人はまずいないでしょう。そういう意味では、お墓こそまさに「一生に一度の買い物」ということが言えるのではないでしょうか。

では自分のお墓を持とうと思った場合、どこから始めたらいいでしょうか？

お墓には「公営墓地」「寺院墓地」「民間霊園」の種類があり、さらにそのスタイルは従来の墓石を持つお墓に加えて、「樹木葬墓地」「永代供養墓」「納骨堂」など多岐にわたっていますが、その違いはご存じですか？

この章では、人生の最後に落ち着く場所として必ず必要になる「お墓」を手に入れることを念頭に、その際に直面するさまざまな疑問について解説していきます。令和時代のお墓事情を学んで、「一生に一度の買い物」を満足いくものにするためのヒントを見つけてください。

お墓を新しく建てたいのですが何から始めたらいいですか？

お墓探しは家族全員にかかわる話！まずはそれぞれの意見を確認しよう

「定年退職を迎えて第二の人生に入った」「父の葬式を出した」など、人生も半ばを過ぎ、節目となるできごとを迎えると気になってくるのが「お墓」。先祖伝来のお墓を承継していない人の中には、自分と家族のためにお墓を持つことを考え始める人も多いでしょう。

お墓の購入を考え始めたのであれば、まずは家族とそのことについて話しあいましょう。

たとえば子どもに黙ってお墓を探し、工事を担当する石材店まで決めたのに、最後の最後に反対されて白紙に戻ったという例もあります。子どもが全員遠くに暮らしているため、将来のお墓の承継者をめぐってケンカになり、兄弟の関係が悪くなったという話もあります。

子どもからお墓の承継を拒否された場合には、承継を前提としないお墓を選ぶなど、お墓選びの根本にかかわる部分もありますので、まずは家族の意見をしっかり聞くことが大切です。

お墓は死後に必要になるものですから、生きているうちからお墓を用意することに抵抗感を持つ家族も

いるかもしれません。ですが、お墓は必ず家族がかかわるものですし、「自分のお墓は自分で手配したい」「自分の死後にお墓のことで家族をわずらわせたくない」といった気持ちがあるなら、先延ばしにせずに家族と話しあってみましょう。

「公営墓地」「寺院墓地」「民間霊園」のタイプの違いをチェック

家族での話しあいが終わったら、いよいよお墓探しのスタートです。お墓探しでまずしなければいけないのは、お墓を建てる墓地や霊園を選ぶことです。

墓地・霊園には、「公営墓地」「寺院墓地」「民間霊園」の3種類があります。それぞれに特長があるので、メリットと注意点を確認してみましょう。

「公営墓地」は、都道府県や市区町村などの自治体が管理・運営する墓地です。公営のため経営に不安がなく、管理体制が安定している上に、墓地使用料が比較的抑えめで割安感があります。宗教・宗旨・宗派は不問のため、信仰で制限されることはなく、工事を担当する石材店を自由に選ぶことができるのもポイントです。

ただし、募集数が少ない上に募集時期が限られており、募集期間も短いため、入手難易度はやや高いといえるかもしれません。過去にお墓があった場所をさら地にして再販売することも多いので、気になる人は注意が必要です。また、「その地域に一定年数以上継続して居住していること」といった資格制限や、墓石のデザインに制限がある場合もあるので、事前に確認しておきましょう。

お彼岸やお盆など、年間を通じて手厚い供養が行われる「寺院墓地」

「寺院墓地」は、宗教法人（お寺）が管理・運営する墓地で、お彼岸やお盆など年間を通じて供養が行われており、代々手厚くお祀りできる長所があります。都市部でも比較的良い立地にあることが多く、管理

公営、寺院、民間墓地（霊園）の違い

公営墓地	メリット	経営・管理体制が安定している。 墓地使用料に割安感がある。 宗教・宗旨・宗派不問。 自分で石材店を選ぶことができる。
	注意点	募集数が少なく、募集時期が限られている。 募集期間が短い。 過去に別の墓があった場所の再販も多い。 墓石のデザインに制限がある場合もある。
寺院墓地	メリット	寺院との関係が密になり、代々手厚くお祀りすることができる。 お彼岸やお盆など、年間を通じて供養が行われる。 都市部では比較的立地条件の良い場所にある。 管理が行き届いている。
	注意点	宗教・宗旨・宗派が制限される。 寺院との相性、住職の人柄などに左右される場合がある。 石材店を指定されることがある。 墓地使用規則がなかったり、墓地使用料・管理料などが明確にされていない場合がある。
民間霊園	メリット	販売数が多いので入手しやすい。 申し込みの資格制限がゆるやかで、条件を気にせず選ぶことができる。 ペットと一緒に入れるタイプもある。 墓石のデザインの自由度が高い。 宗教・宗旨・宗派不問。
	注意点	永代使用料・管理料は公営に比べて高め。 石材店は指定業者制になっている。 公共の交通機関ではお参りしにくい場所にあることも多い。 管理や運営に差がある。

が行き届いているのも特長です。

注意点としては、運営母体がお寺であるため宗教・宗旨・宗派が制限され、運営するお寺の檀家になることを求められる場合があることがあげられます。お寺との相性も重要なポイントで、霊園ごとに運営・管理体制に違いがあり、墓地使用規則がなかったり、墓地使用料や管理料が明確にされていなかったりする場合もあります。また、石材店を指定されることもあります。

入手しやすく、「ペット可」など自由度が高い「民間霊園」

「民間霊園」は、民間企業が開発や販売にかかわっている墓地です。販売数が多いため入手しやすく、資格制限がゆるやかなので条件を気にせず選ぶことができるメリットがあります。ペットと一緒に入れる墓地も多く、墓石のデザインについても制約はあまりありません。宗教・宗旨・宗派についても制限のないところがほとんどです。

注意点としては、永代使用料や年間管理料が公営墓地に比べると高めで、石材店については指定業者制がとられていること、公共交通機関でお参りに行きにくいところにあることが多いこと、管理や運営面で霊園によって差があることなどがあげられます。

これ以外に、「みなし墓地」というお墓があります。これは墓埋法の施行以前から存在しているお墓で、行政の許可を受けているものを指します。1948年（昭和23年）以前からある古いお墓で、「墓地とみなされた場所」ということで「みなし墓地」と呼ばれています。なお「みなし墓地」は売買の対象にはなりません。

ポイントまとめ

まず家族でよく話しあうことが必要。

「公営墓地」「寺院墓地」「民間霊園」の違いや特長をしっかり把握する。

そもそもお墓はいつ建てるのが正しいの？

秦の始皇帝のお墓が起源といわれる「寿陵（じゅりょう）」という言葉があります。この言葉は生前にお墓を用意することを指し、長寿や子孫繁栄を招く縁起の良いこととされています。

お墓はいつ建ててもOK！近年は生前に建てる人が増えている

お墓を建てるタイミングとしては、「本人が亡くなってから家族が建てる」「生前に本人が建てる」のふたつがあります。

一周忌などの年忌法要のタイミングで建てることが多いお墓ですが、近年では「残された家族に負担をかけたくない」「自分の好きな場所に好きなお墓を建てたい」などの理由から、生前にお墓を準備する人が増えています。

死後にお墓を建てた場合、親族列席でお墓開きができる

亡くなってからお墓を建てる場合、年忌法要などの親族が集まりやすいタイミングに合わせて開眼供養と納骨式を行うことができます。開眼供養は「お墓開き」ともいわれるもので、建物の竣工式と同じよう

にお墓に魂を入れる大切な儀式ですから、親族同席の上で僧侶にお経をあげてもらうのはすばらしいことです。法要と一緒に行えば、親族に何度もお墓に集まってもらう手間を省くこともできます。

ただし、お墓を建てるには工事だけでも2～3カ月程度の期間が必要です。葬儀などが落ち着いてから動き出すとして、一周忌に合わせてお墓を建てるとすると、検討期間も含めればあまり余裕はないかもしれません。

生前に準備すれば自分の希望にそったお墓が用意できる

では生前にお墓を建てることのメリットは、どんなことがあるでしょうか。

まず考えられるのは、「自分の希望にそったお墓を建てられること」です。霊園の立地や墓石のデザインはもちろん、代々承継していくお墓か永代供養墓か、樹木葬墓か納骨堂かなど、お墓にまつわるさまざまな点に自分の意見を反映させられます。

しかも、自分の死後にお墓のことで家族に手間や金銭的な負担を負わせることもありません。

注意点としては、生前にお墓を完成させてもいつ入るかわからないという点があげられます。お墓は建てた段階から管理料が発生します。寿命が尽きる日まで管理料を払い続ける必要がありますし、お墓の手入れもしなくてはいけません。

結局、お墓を建てるベストのタイミングは「気になり始めたとき」ということになります。散骨や手元供養など、そもそもお墓を建てないという選択肢もありますから、いろいろ調べてから動き始めても、決して遅くはないと言えるのではないでしょうか。

ポイントまとめ

「気になったとき」がお墓を建てる好機。お墓開きを法要と一緒に行えば、親族が何度も足を運ぶ手間を省ける。

お墓を建てる費用はいくらくらいかかるの？

「納骨堂」「永代供養墓」「樹木葬墓」などお墓のタイプで費用相場は変わってくる

お墓を建てたいと思った場合、やはり「気になるのは予算」という方も多いのではないでしょうか。お墓は一生のうちで1回買うかどうかという買い物ですから、目安がわからないのも無理はありません。

ひと口に「お墓の値段」といっても、「墓石を用いたお墓」や「永代供養墓」「納骨堂」「樹木葬墓」などのお墓のタイプによって金額の相場が変わります。

そこでこのページでは、相場がもっとも高い一般的な「墓石を用いたお墓」について解説していきます。

「永代供養墓」や「納骨堂」「樹木葬墓」については、それぞれの解説ページ（「永代供養墓」は88ページ、「納骨堂」は94ページ、「樹木葬墓」は100ページ）をご参照ください。

墓石を用いたお墓の費用相場は総額100万～350万円！

「墓石を用いたお墓」の値段は、総額で100万～350万円程度が相場といわれています。この金額には、「墓石代」と墓地の土地を使用する権利を得るた

お墓の購入費用内訳

墓石代	永代使用料
60万〜200万	35万〜130万

総額
100万〜350万円

※お墓の購入後には「年間管理料」の支払いが発生します。

めの「永代使用料」が含まれています。一戸建て住宅の金額に「建物の費用」と「土地代」が含まれていることをイメージするとわかりやすいかもしれません。

お墓にかかわる費用としては、「墓石代」「永代使用料」以外に、お墓を維持していくための「年間管理料」が必要になります。

まず「墓石代」ですが、これは文字通り墓石を立てるために必要な金額です。墓石の費用相場は60万〜２００万円といわれていますが、「石の産地・種類」「墓石の大きさ」「墓石のデザイン」によって金額が変動します。

「石の産地・種類」は、費用にいちばん大きく影響する要素で、一般的に国産の石より外国産の石のほうがリーズナブルだといわれています。

「墓石の大きさ」については、当然大きな墓石であればあるほどたくさん石を使うので、金額も高くなります。注意しなくてはいけないのは、墓石は石のブロックを削って作るため、加工前の石材の大きさで値段が変わるということです。石材ブロックを削って使わない部分も材料費に含まれているため、完成した墓石が小さいから値段が安いとは限らないのです。

また一般に、凝ったデザインになるほど金額が高くなる傾向にあります。

「量産されているデザインの既製品」と「オリジナルデザインの特注品」では、後者のほうが値段が高くなるのは当然です。加工費に加えて、凝ったデザインでは削る部分も大きくなることが多く、石材の費用が増加することも金額が大きくなる要因のひとつです。

なお「墓石代」には、墓石本体の値段に加えて墓石に文字を彫刻する費用や墓石の工事に必要な費用が含まれていることが多いのですが、石材店によっては工事費が含まれていない場合があります。見積りをとる段階で、工事費が含まれているか、内容の確認を忘れないようにしましょう。

また、民間霊園の場合は「永代使用料」を支払った段階で区画の基礎工事まで済んでいる場合がほとんどですが、公営墓地や寺院墓地の一部では基礎工事を使用者が行う場合があります。そうなると基礎工事の費用も発生しますし、立地的に施工や運搬が難しい場所ではさらに追加料金がかかる可能性もあります。契約をする前に、こうした点もしっかり確認しておくことが大切です。

さらに、墓石以外の墓誌や卒塔婆立て、灯籠などを注文すれば別途費用がかかります。地域や宗教・宗派によっても変わってきますが、墓誌で4万～25万円、卒塔婆立ては1万～10万円、灯籠は4万～20万円、お地蔵様で5万～15万円ほどが費用相場といわれています。

「永代使用料」は霊園がある立地の地価に比例する

「永代使用料」はお墓を建てる土地を使用する権利を得るための費用で、35万～130万円が相場と言

墓石の種類や選び方

●墓石の種類

墓石に使う石の産地は、日本と中国、インドが中心です。主に使われる種類は、「花崗岩（かこうがん）」「斑れい岩（はんれいがん）」「閃緑岩（せんりょくがん）」「安山岩（あんざんがん）」の4種類になります。どれも耐久性があり、磨くと美しい光沢が出るのが特長です。

●選び方のポイント

どの種類でも、石を選ぶポイントは一緒です。

- ☑ **硬いこと。**
- ☑ **水を吸いにくいこと。**
- ☑ **光沢があり、長持ちすること。**

ほかにも産地や色、模様など、好みに応じてさまざまなこだわりポイントがあります。いろいろ吟味して、好みの墓石を選びましょう。

われています。永代使用料はあくまでも「土地の使用権」に対する費用で、土地の所有権は墓地の管理者にあるので、建てたお墓を誰かに貸したり転売したりすることはできません。

「永代使用料」は地価に比例して決まるため、都心部ほど高く、地方では値段が抑えられる傾向にあります。また当然、区画が大きくなれば金額も大きくなります。

お墓を建てるのに必要な金額は地方のほうが高くなることもある

お墓は、建てた後も維持・管理のために費用がかかります。この費用は、一般的には年に一度支払いが発生するため、「年間管理料」と呼ばれます。

この「年間管理料」は運営母体によって金額相場が変わります。

「年間管理料」は霊園の共有スペースや共有設備の清掃・改修などに使われるもので、それぞれのお墓の区画内には適用されません。自分の家のお墓の清掃やメンテナンスは、自分たちで行う必要があるので注意が必要です。

この「年間管理料」は、墓地や霊園を運営する母体によって金額相場が変わってきますし、区画の面積が広くなるほど高くなります。

なお、「墓石代」と「永代使用料」に加えて建てた後に「年間管理料」がかかってくる「お墓の値段」ですが、その総額については地方だから安くなるとは限りません。

地方の霊園は都心に比べて1区画の面積が広い傾向にあるため、区画の広さに見合ったサイズのお墓を建てると、当然墓石も大きくなり、それだけ費用がかかることになるのです。

経営主体別の「年間管理料」の費用相場

公営墓地	約4000～1万円
寺院墓地	約1万円
民間墓地	約5000～1万5000円

必要となる石材の量が増えるのと同時に、「永代使用料」も面積に応じて高くなります。1平方メートルあたりの金額は都心のほうが高いのですが、面積は地方のほうが大きいため、それだけ「永代使用料」が加算されることになります。さらに加えて、工事費も面積に比例して高くなります。

そのため最終的な合計金額でみると、地方のほうが高くなってしまうこともあるのです。

お墓は住宅と同じで、素材にこだわったりオリジナリティを追求したりするほど予算がかかります。「一生に一度の買い物」ですから、お墓の立地や大きさ、墓石の素材など、それぞれの要素をよく吟味して、満足のいくお墓を手に入れてください。

ポイントまとめ

「墓石代」は墓石の大きさではなく、削る分も含めた使用石材量で決まる。

「永代使用料」は、地価と区画の面積に比例する。

区画の面積が大きいため、最終的な総額は地方のお墓のほうが高くなることも。

「永代使用料」と「永代供養料」は何が違うの？

「永代使用料」は「お墓の土地を借りて使い続ける」ために必要な「墓地代」

「永代使用料」「永代使用権」「永代供養料」「永代供養墓」など、お墓に関係する言葉には「永代」がついた言葉がたくさんあります。「永代」という言葉自体が日ごろあまり使わない言葉なので、混乱する人もいるかもしれませんが、大事な言葉なのでしっかり違いを把握しておきましょう。

「永代使用料」は、墓地や霊園の土地を使用する権利のために支払う費用で、墓地を契約したときに支払います。「墓地代」と置き換えて考えるとわかりやすいでしょう。

「年間管理料」は毎年払うのに対して、「永代使用料」を支払うのは初回契約時のみとなります。「永代使用料」はお墓を持つ際の「初期費用」、「年間管理料」はお墓の「維持費用」だと考えるとわかりやすいかもしれません。

「永代使用権」とは「永代使用料」を支払うことで手に入る「お墓の区画を使用する権利」のことです。お墓の区画を使用する権利は「永代（祭祀主宰者が承継される限り）にわたる」ので、「永代使用権」と呼ばれています。

ただし「永代使用権」で認められるのは、あくまでも「使用する権利」であり、お墓の「所有権」ではありません。「永代使用権」とは、「お墓の土地を借りて使い続けることができる権利」であるため、墓地が不要になったり、年間管理料が支払えなくなったりした場合は、区画を管理者に返還しなくてはなりません。

なお返還しても、最初に支払った「永代使用料」が戻ってくることはありません。

「永代供養料」は「代わりに供養をお願いする」宗教儀礼に対するお金

「永代使用料」とよく似た言葉に「永代供養料」があります。「永代供養料」は「遺骨を永代にわたって供養してもらうために支払うお金」になります。お墓の維持・管理を自分ですることが難しくなったときに、代わりに先祖の供養をしてもらうために必要なお金が「永代供養料」なのです。

近年では、子どもを持たない世帯の増加などの理由から「お墓を建てても承継する人がいない」と言う人が増えています。そうした人たちを中心に、「永代供養」のついた「永代供養墓」が選ばれているのです。

「永代使用」は「お墓の購入者」がお墓の区画を永代に使用すること、「永代供養」は「お寺などの墓地管理者」が遺骨を永代に管理し、供養することで、それぞれの言葉は「主語」が違うのです。言葉の違いを理解しておかないと混乱しやすいので、注意が必要です。

ポイントまとめ

「永代使用料」は墓地を使うために、「永代供養料」は供養を受けるために支払う。

同じ「永代」がついていても、違う内容を指す言葉なので注意が必要。

お墓選びのポイントや完成までの流れを教えてください

ポイントを押さえてスムーズなお墓選びをめざす

従来から伝わる先祖伝来の「お墓」に加えて、「永代供養墓」や「樹木葬墓」などの新しいスタイルのお墓からお墓自体をなくしてしまう「墓じまい」まで、お墓に関する考え方が多様な現代。お墓を建てようと思っても、何から始めたらいいのかわからないという人も多いかもしれません。

ですがポイントや注意点を押さえておけば、お墓選びは決して難しいものではありません。墓地・霊園のチェック方法など、お墓選びをスムーズに進めるためのコツをご紹介していきましょう。

家族や親族との話し合いがスムーズなお墓選びの第一歩

お墓選びで最初にしなくてはいけないことは、お墓を建てる場所やどんなお墓にするかといったイメージを家族や親族としっかり話し合うことです。

あなたがこれから建てる「お墓」は、あなたが亡くなった後も必ず家族や親族がかかわることになります。ですから、たとえ自分が建てるお墓であったとしても、独断で進めることは避けたほうがいいでしょう。

代々受け継いでいくお墓であれば家族や親族もそのお墓で眠ることになりますし、お墓参りや法要をするときの自宅からのアクセスや交通の便について気にする人もいるかもしれません。後々のトラブルを避けるためにも、家族や親族とはあらかじめ相談して、それぞれの意見を整理・共有していくことが大切です。

「お墓を受け継いでいくかどうか」の確認はお墓探しの最重要項目

家族や親族とお墓に対するイメージがまとまったら、お墓を建てるための場所探しがスタートです。

お墓はどこにでも建てられるというわけではありません。墓埋法第4条には「埋葬又は焼骨の埋蔵は、墓地以外の区域に、これを行ってはならない。」と規定されており、墓地や霊園などの「墓地として都道府県知事の許可をうけた区域」でないとお墓は建てられないのです。

したがってお墓を建てる際には、まずお墓を建てる墓地や霊園を決めることになります。その際には考えるべきポイントがふたつあります。

最初に確認しなくてはいけないのは、「代々受け継いでいくお墓なのかどうか」という点です。「子どもがいない」「子どもに承継を拒否された」「子どもにお墓の負担をかけたくない」など、さまざまな理由から「お墓を受け継がせない」と考えている人は、個人か夫婦での一代限りの使用を前提とした永代供養墓や樹木葬墓などを選ぶことになるでしょう（「永代供養墓」については88ページ、「樹木葬墓」については100ページをご参照ください）。

「お墓を承継するかどうか」が確認できたら、次には「公営墓地」「寺院墓地」「民間霊園」という運営母体の違いをチェックします。運営母体によって墓地の性格、予算や立地、墓地使用規約なども変わってきます。それぞれに長所と注意点がありますので、細かい点まできちんと確認することが大切です。「公営墓地」「寺院墓地」「民間墓地」の長所と注意点については、57ページで紹介していますのでご参照ください。

お墓に決まった形はない！好みのスタイルで墓石を選ぶ

石材を使用するお墓の場合は、石材店に墓石を発注します。

石材は自由に加工できるので、お墓に決まった形はありません。和風の墓石にもさまざまなデザインがありますし、近年では洋風デザインのお墓や個性的なオリジナルデザインのお墓も増えています。宗派不問の霊園に行くと、バラエティに富んだ墓石が並んでいますから、実際に見て参考にするのもいいかもしれません。

一般的に石材店で発注するお墓の形には、大きく分けて4種類あります。

「和型墓石」は伝統的な縦長のお墓で、「〇〇家之墓」「先祖代々之墓」などと刻まれていることが多いです。

「五輪塔」は丸い飾りがついた三角形の屋根の下に球形や四角形の石が連なった形をしたお墓です。それぞれの形は自然界の五大要素「空」「風」「火」「水」「地」を表わしています。「五輪塔」は和型墓石の一種ですが、現在主流の和型墓石が生まれる前からあったタイプの墓石で、平安時代末に考案されたとも言われています。

「洋型墓石」は横長で背が低く、すっきりとしたデザインのお墓です。もともとはキリスト教式の墓石でよく使われていたものですが、宗教・宗派を問わず使うことができます。和型墓石には家名を入れるのが一般的ですが、洋型墓石には故人への想いを込めたメッセージや好きだった言葉など、思い思いの文字を刻むことができます。

「デザイン墓石」は、石材店の独自開発や発注主のオーダーメイドで作られるお墓です。形や彫刻、素材などを自由に組み合わせることで、世界にひとつのオリジナルのお墓を作ることができます。さまざまなこだわりを反映した墓石が作れますが、材料費や加工費が高くなる場合があるので要注意です。

こうしたお墓のタイプを参考に、石材店に発注する墓石を考えてみましょう。発注する際には、具体的なイメージがあれば絵などを持参するとイメージが伝わりやすいです。お墓のイメージが決まっていない場合は、石材店の担当者と相談しながらお墓の全体像を決めていきましょう。

契約から完成までは2~3カ月。余裕を持ったスケジュールを心がける

墓地や霊園と契約し、墓石の発注が済めば、あとは完成を待つばかり。石材店と契約してからお墓が完成するまでの期間は、だいたい2~3カ月と言われています。

しかしこれは、あくまでも「契約してからの期間」なので、打ち合わせなどを考えるとさらに長い期間がかかることになります。一周忌法要や三回忌法要などの日程に合わせる場合には、余裕を持ったスケジュールで墓地探しを行い、お墓を建てる必要があります。

なお、石材店に展示されている墓石や在庫品をオーダーすれば予算を抑えられることはもちろんですが、工期が短縮できることもありますし、オリジナリティにこだわったデザインの墓石の場合にはさらに工期がかかる場合もありますので、金額の見積りをとるときにはスケジュールの見積りも忘れずにとるようにしましょう。

ポイントまとめ

お墓選びを進めるためのステップを把握し、ポイントをチェックする。

家族や親族との情報共有が大切。

お墓のデザインは好み通りに自由にできるの？

デザインは自由にできるが墓地によっては制限があるところも

近年では、施主の個性が反映されたお墓が増えています。墓地や霊園に出かけると、モダンな洋型墓石やオリジナリティあふれるデザイン墓石をよく目にします。お墓の形も時代によって変化しているのです。

ですが、墓地によってはお墓のデザインやサイズに制限があるところもあるので、事前に確認することが大切です。

お墓の素材には石材以外の素材も使用可能で、石材と強化ガラスを組み合わせたお墓なども見ることができます。ただし、複数の素材を使用すると材料費や加工費が増える場合があるので注意が必要です。

一般的な「和型墓石」でも個性をいかしたアレンジはできる

オーソドックスなタイプのお墓であっても、個性をいかしたアレンジは可能です。

江戸時代中期から普及したと言われる「和型墓石」は、家名が入った「竿石」の頂部と台座部分に個性があらわれます。

頂部の加工には、平らな「平頂型」や山伏の帽子のような「角兜巾型」などがあります。「竿石」を支える台座部分には、蓮の花をかたどった「蓮華型」、蓮華型を簡略化した座布団のようなデザインの「スリン型」などがあります。

自由度の高い「洋型墓石」では文字や絵も入れることが可能

近年その人気が高まっている「洋型墓石」の横長の「竿石」には、大きく分けて「ストレート型」と「オルガン型」のふたつのタイプがあります。「ストレート型」は、「竿石」部分が垂直に近く平らなタイプで、「オルガン型」は、「竿石」に角度をつけた形がオルガンに似ていることから名づけられたタイプになります。

「洋型墓石」は彫刻する文字も自由で、「絆」や「やすらぎ」「感謝」など、故人の好きだった言葉やメッセージに加え、絵や模様を入れることもできるため、個性が出しやすいスタイルと言えるかもしれません。

なお墓石の色も、黒や赤、ピンク、マーブル調など多様化しています。

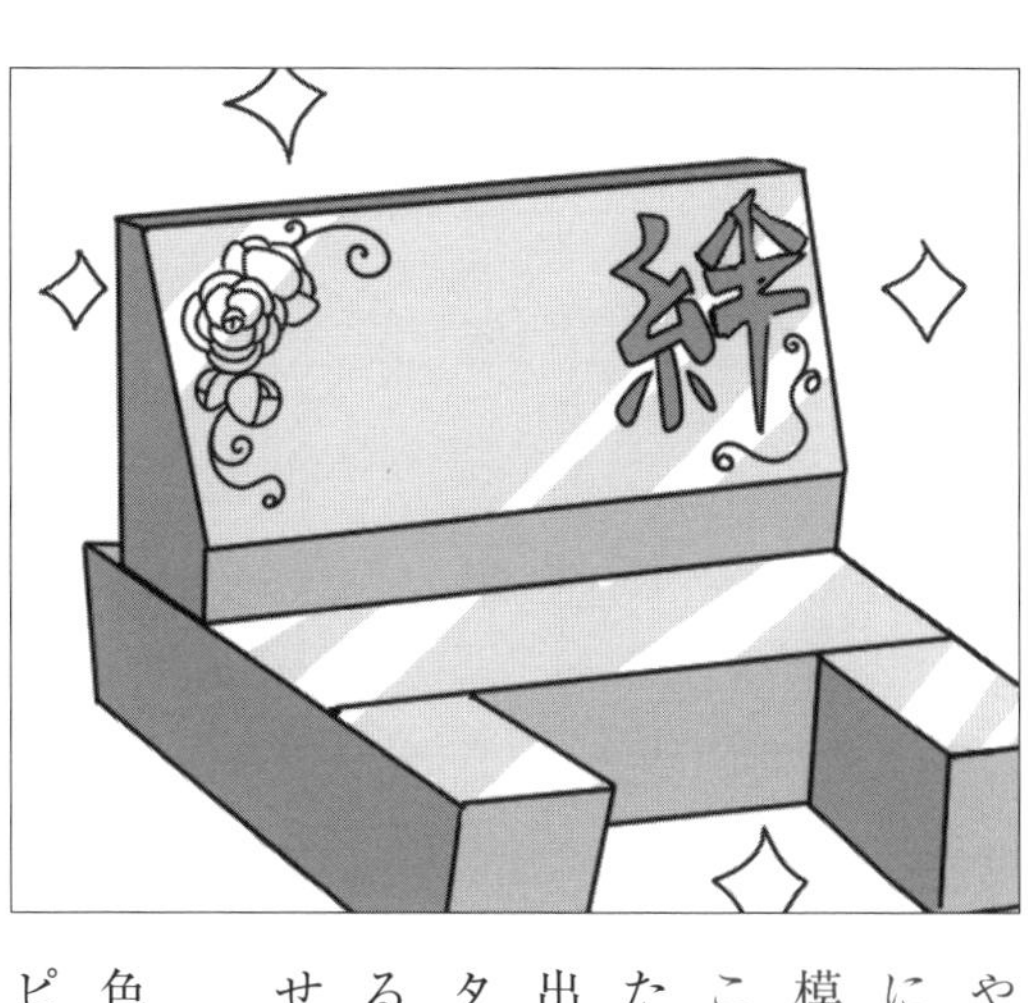

ポイントまとめ

お墓のデザインに決まりはないが、墓地によっては制限があるので注意が必要。

自分の家の庭にお墓を建てられますか？

遺骨を納めるお墓は都道府県知事が許可した墓地にしか建てられない

お墓が家から遠くにあるために、なかなかお墓参りに行けないという人も多いのではないでしょうか。「自分の家の庭にお墓があったら、毎日気軽にお参りができるのに……」と思っている人も多いかもしれません。

ですが墓埋法では、第4条で「埋葬又は焼骨の埋蔵は、墓地以外の区域に、これを行つてはならない。」と規定されています。墓埋法でいう「墓地」とは、「墓地として都道府県知事の許可をうけた区域」を意味しています。

それなら「都道府県に申請すれば、自宅の庭を『墓地』として認定してもらえるのか」といえば、それもできません。

たとえば東京都では、「墓地等の構造設備及び管理の基準等に関する条例」で墓地の経営主体を原則として「地方公共団体」「都内等に事務所を有する宗教法人」「公益法人」に限定しています。お寺やNPOなどではない個人には許可していないため、いくら自宅の庭が広くても、勝手にお墓を建てることは許されていないのです。

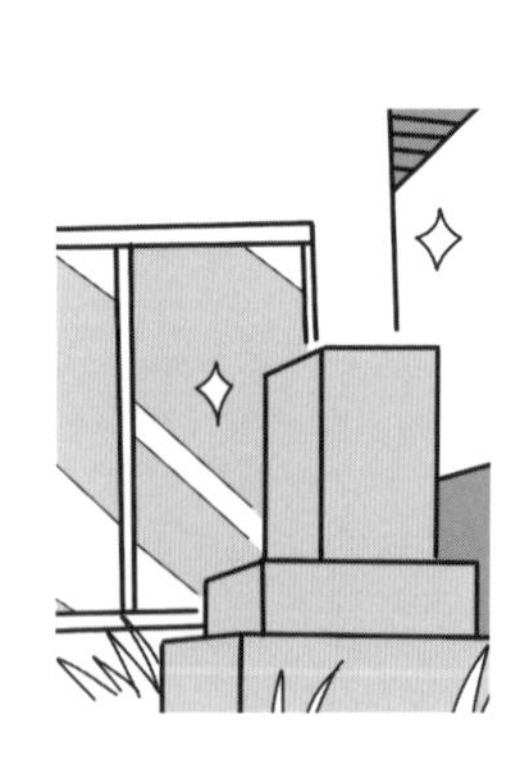

墓碑の建立や遺骨を自宅に安置する「手元供養」は法律違反にならない

自宅にお墓を作って遺骨を納骨することは、墓埋法で禁止されています。ですが、墓埋法が禁じているのは「遺骨をお墓に納骨すること」であり、自宅での「保管」や「供養」を禁じているわけではありません。

ですから、遺骨を埋蔵しない慰霊碑や記念碑などの墓碑を自宅に建てることはできます。観光名所にある歴史上の人物の記念碑と同様に、庭に墓碑を立てることで、そこに遺骨がなくても故人を偲んでお参りすることはできるのです。この方法は、遺骨を合葬する永代供養墓に故人を葬った場合にも有効です。

また墓埋法では、自宅に遺骨を安置して供養することも禁じてはいません。仏壇などに遺骨を祀って供養する「手元供養」は、法律違反にはならないのです。そのため、遺骨のほとんどはお墓に納骨するか「散骨」して、分骨した遺骨の一部を自宅で「手元供養」するという方法も可能です。

「手元供養」の場合は、思い立ったときにいつでもお参りできて故人を身近に感じることができることに加えて、お墓を掃除するといった管理の手間がないのも大きなメリットと言えるでしょう。

なお墓埋法には規定がないため、ペットの遺骸や遺骨を自宅の庭に埋めることは法律違反にはなりません。しかし、ペットも火葬率が上昇し、土葬が少なくなっていること、また近隣への配慮で遺骨であっても庭に埋めることに抵抗がある人もいますので注意が必要です。

ポイントまとめ

墓地以外の場所に遺骨を納骨することは、法律で禁止されている。

自宅に墓碑を建てたり、遺骨を安置して供養したりすることは法律違反にならない。

ウチのお墓には、どこまでの親戚が入れるの？

墓埋法には制限規定はナシ！誰を入れるかは承継者の許諾が重要

お墓には、どの範囲の親戚まで入れることができるのでしょうか？　この問いに即答できる人は、まずいないでしょう。

戦前の旧民法では、原則として長男が家や財産をまとめて相続する「家督相続」という制度が定められていました。お墓も家の財産に含まれていて長男が相続することになるため、次男や三男は分家として自分でお墓を用意し、娘は婚家のお墓に入るのが一般的でした。

ですが１９４７年（昭和22年）の民法改正によって、この家督相続制度は廃止されました。そのため現在では、お墓は子どもの年齢や性別にかかわらず相続が可能となり、孫や承継者が指定した親族外の人でも受け継ぐことができるようになったのです。

承継者は、お墓などに関するすべてを決める権限を持つため、遺骨を納骨するためにはまず承継者の承諾が必要となります。逆にいえば、すべての権限を持つ承継者の承諾があれば、親族でない人の遺骨でも納骨することが原則としては可能なのです。

しかも墓埋法では、お墓に納骨する人についての

規定がありません。「自分のお墓に納骨していい人」「いけない人」については、法律上の決まりはないのです。

多くの場合、墓地や霊園の利用規約に納骨可能な範囲が明記されている

では法律上の制限がなく、承継者の許諾があった場合、どんな人の遺骨でも自分のお墓に納骨できるのかというと、現実には難しい場合もあります。それぞれの墓地や霊園が定めている利用規約に従う必要があるからです。

２０００年（平成12年）に厚生労働省が発行した墓地の使用者と管理者の間で交わされる契約書に関する参考資料「墓地使用に関する標準契約約款」では、納骨できる親戚の範囲について「使用者の親族及び縁故者の焼骨を埋蔵することができる。」と書かれています。墓地や霊園ではこうした資料や民法７２５条に規定された「親族の範囲」を参考に墓地利用規約を作っており、「使用者の直系の親族に限る」とか「使用者からみて６親等内の血族もしくは３親等内の姻族」など、納骨できる範囲を規定しているケースがほとんどです。

なお「姻族」とは、夫婦どちらかと血縁関係のあるものを指す言葉で、「３親等内の姻族」には自分と配偶者の曽祖父母や甥・姪、ひ孫とその配偶者が含まれます。

「血族」とは、生物学的に血縁関係にあるものを指す言葉で、養子縁組したものは「法定血族」としてここに含まれます。「６親等以内の血族」とは、自分から見て６世代隔てた親戚までが含まれることになるので、かなり遠い親戚までが含まれることになります。

民法で規定された「親族」の範囲をわかりやすく図で紹介

民法７２５条では、「親族」の範囲を「６親等内

の血族」「配偶者」「3親等内の姻族」と規定しています。この規定にしたがって、お墓に納骨できる親族の範囲を利用規約に明記している墓地や霊園も数多くあります。

ですが、「配偶者」はともかく、「6親等内の血族」「3親等内の姻族」といわれても、具体的にどこまでを指すかイメージできない人も多いのではないでしょうか。

そこで次のページでは、「6親等内の血族」「3親等内の姻族」を把握するための親等図を掲載しています。紙幅の都合で一部の尊属（父母や祖父など の自分より前の世代のこと）は割愛していますが、それでもお墓に入れることのできる親族の範囲の広さがわかると思います。

なお、図内の各数字は、本人から見た場合の親等を表すもので、数が大きいほど世代が離れることを意味しています。

ポイントまとめ

遺骨を納骨するには、承継者と墓地管理者の許可が必要となる。

納骨できる親族の範囲については、墓地利用規約に規定がある場合が多い。

【親等図（一部）】

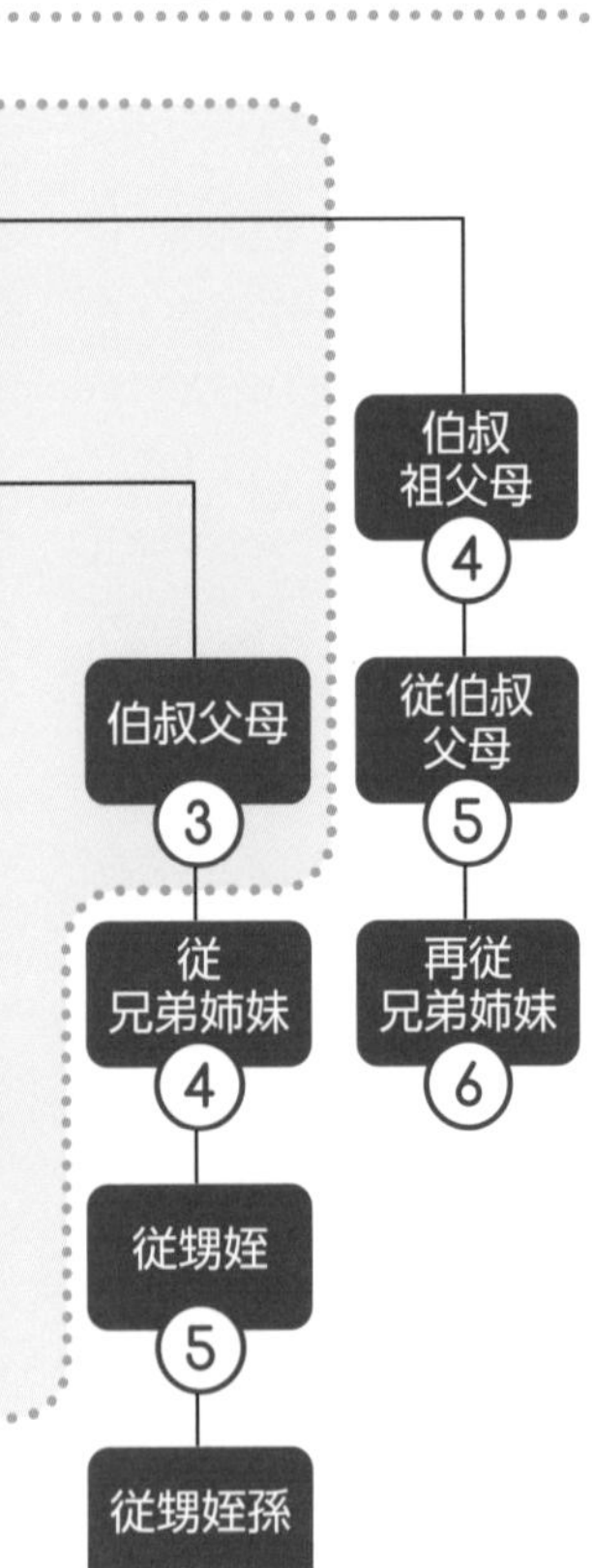

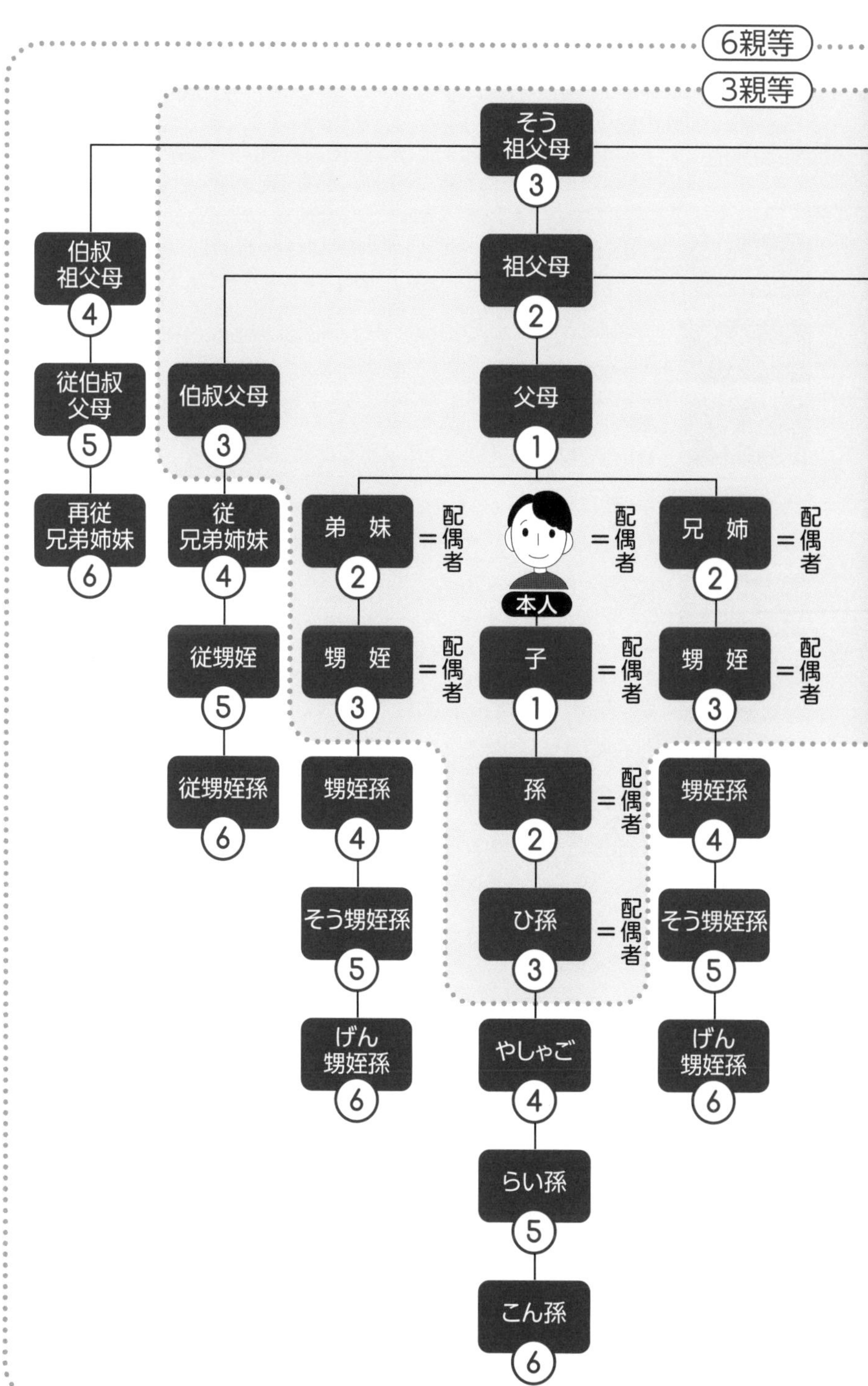
6親等
3親等
そう祖父母 3
祖父母 2
父母 1
伯叔祖父母 4
従伯叔父母 5
再従兄弟姉妹 6
伯叔父母 3
従兄弟姉妹 4
従甥姪 5
従甥姪孫 6
弟 妹 2
=配偶者
甥 姪 3
=配偶者
甥姪孫 4
そう甥姪孫 5
げん甥姪孫 6
本人
=配偶者
子 1
=配偶者
孫 2
=配偶者
ひ孫 3
=配偶者
やしゃご 4
らい孫 5
こん孫 6
兄 姉 2
=配偶者
甥 姪 3
=配偶者
甥姪孫 4
そう甥姪孫 5
げん甥姪孫 6

在来仏教の宗派とその特徴

お墓を購入する際に「在来仏教に限る」という条件がある場合があります。これは「在来仏教以外の宗派の人は申し込みできない」という意味になります。「在来仏教」とは、明治時代初頭までに日本に根づき、現在も活動を続ける13の宗派のことで、明治以降に現れた宗派は新興宗教と呼ばれています。

法相宗
インドから唐に戻った玄奘の弟子である慈恩大師が開いた宗派。日本へは653年に道昭によって伝えられた。興福寺と薬師寺が二大本山。

華厳宗
唐代の僧・杜順を開祖とする「大方広仏華厳経」を所依の経典とする宗派。日本へは736年に伝わり、聖武天皇によって建立された東大寺から広まった。

律　宗
唐代に道宣によって成立した宗派で、日本へは753年に鑑真によって伝えられた。戒律の研究や実践を行う宗派で、総本山は唐招提寺。

天台宗
隋代に智顗によって開かれた宗派で、日本へは最澄によって806年に伝えられた。徳川家康も信仰した宗派で、総本山は比叡山延暦寺。

真言宗
唐で密教を学んだ空海によって816年に開かれた宗派。宇宙の真理を究めて大日如来と一体化することで仏の道が開けると説く。

融通念仏宗
1117年に天台宗の僧侶だった良忍が開いた宗派。念仏を唱えることでお互いを救済しあい、浄土へ到達することを説く。総本山は大念仏寺。

浄土宗
法然が1175年に開いた阿弥陀如来を本尊とする宗派で、「南無阿弥陀仏」の念仏を唱えることで極楽浄土へ行けると説いた。知恩院が総本山。

臨済宗
唐代の臨済義玄を開祖とする宗派で、日本へは1195年に栄西によって伝えられた。坐禅によって悟りを得ることが浄土へつながると説く。総本山は建仁寺。

浄土真宗
浄土宗の開祖・法然の弟子だった親鸞が1224年頃に開いた宗派。念仏を唱えて仏の救いにゆだねる「他力念仏」を説く。僧侶には肉食妻帯が認められている。

曹洞宗
唐代の禅僧・洞山良价を開祖とする宗派で、1244年に道元によって伝えられた。壁に向かって坐禅を組む修業「面壁坐禅」で知られる。

日蓮宗
比叡山や高野山で修業した日蓮が1253年に開いた宗派。「南無妙法蓮華経」を唱えることがもっとも重要な修業・信仰だと説く。総本山は久遠寺。

時　宗
「踊り念仏」で全国を遊行した一遍が1274年に開いた宗派。念仏を唱えさえすれば誰でも極楽浄土へ行けると説く。総本山は清浄光寺。

黄檗宗
明の禅僧・隠元隆琦が来日して1654年に興した宗派。銅鑼や太鼓などを使って「般若心経」を唐音（中国式発音）で読経するのが特徴。総本山は萬福寺。

第3章

さまざまな「お墓」のかたち

「樹木葬墓」「永代供養墓」「納骨堂」から
「手元供養」「散骨」「宇宙葬」まで、
さまざまな選択肢のメリットと注意点を解説！

納得のお墓選びのために、多様化する最新状況をチェック！

「終の棲家」と表現されることも多いお墓。いつかは自分が永遠の眠りにつく場所については、「後顧の憂い」を絶つためにも、元気なうちから自分で準備したいと考えている人も多いのではないでしょうか。

そうした考えを持つ人のなかには、テレビCMからも「永代供養」「墓じまい」といった言葉が聞こえてくることに気がついている人もいるかもしれません。ひと昔前であればちょっと考えにくい状況ですが、それだけ「お墓」をとりまく環境は変化しているのです。

従来のオーソドックスなスタイルの墓はもちろん、近年人気を集めている「樹木葬」、子どもや孫の代にお墓の手入れなどの面倒をかけないで済む「永代供養墓」、天気に左右されずにお参りができる「納骨堂」など、「お墓」の選択肢は広がっています。さらには「散骨」や遺骨を自宅に置いて供養できる「手元供養」から「宇宙葬」まで、現代ではお墓を持たないというスタイルにもさまざまなバリエーションが用意されています。

この章では、こうした「お墓」に関するさまざまな選択肢のメリットや注意点をまとめました。多様化を続ける「お墓」の状況をしっかり把握して、満足のいく「終の棲家」を見つけるための参考にしてみてください。

墓石を建てる以外のお墓にはどんなものがあるの？

価値観やライフスタイルに合わせて拡大する「お墓」の選択肢

墓地や霊園に「○○家之墓」と刻まれた四角柱の墓石が建っている。「お墓」といえば、そうしたイメージを思い浮かべる人も多いかと思います。ドラマや映画などに登場するのもほとんどがこのタイプであるため、正統派の印象が強い和型墓石ですが、現在ではこれ以外にもさまざまなタイプの「お墓」が作られています。

もともと家や血統を大切にする傾向の強い日本人ですが、核家族化や少子化といった社会情勢の変化にともなって「お墓」に対する考え方やニーズにも変化が生じており、それにこたえる形で選択肢が広がっているのです。

お墓のタイプは「承継墓」「樹木葬墓」「永代供養墓」「納骨堂」など

そもそも「お墓」とは、故人の遺体や遺骨を納めて供養を行う場所であり、遺族が故人を偲(しの)んで祈る場所です。先祖伝来のお墓の場合は、先祖と自分たち子孫のつながりを感じられる場所でもあります。

つまり、故人や先祖が埋められた場所が「お墓」であり、墓石自体は単なる目印で、必ずしも必要なものではないのです。そう考えると、一般的とされる和型墓石を用いた承継墓以外のスタイルのお墓も、理解しやすくなるかもしれません。

現在用いられているお墓のタイプには、「承継墓」「樹木葬墓」「永代供養墓」「納骨堂」などがあります。「承継墓」は墓石を立てるタイプのお墓で、代々承継されていくものです。江戸時代中期から普及し始めたといわれる一般的な「和型墓石」のほかに、横長の「洋型墓石」やオーダーメイドも可能な「デザイン墓石」があります（詳しくは72ページをご参照ください）。

メディアなどでも紹介されて近年人気が高まっているのが「樹木葬墓」です。墓石の代わりに樹木を用いたり、納骨場所の周りに草花を植えたりしたお墓で、「ガーデニング風」や「日本庭園風」「里山の中にあるタイプ」など、さまざまなバリエーションがあります（「樹木葬墓」の詳細については１００ページをご

自然界の五大要素である地・水・火・風・空の「5 大」を表す「五輪塔」。

色や刻む文字も多様なオルガン型の「洋型墓石」。

都市部に多い「自動搬送式納骨堂」。遺骨を納めた厨子が目の前に運ばれてきます。
写真協力：ひかり陵苑（東京都）

参照ください）。

「永代供養墓」は子どもや孫の世代がお墓を継ぐことを前提としないお墓で、お参りやお墓の手入れができない人に代わって墓地の管理者が遺骨の供養と管理をしてくれるお墓です。子どものいない夫婦や独身者、子どもはいるが死後にお墓を管理する負担をかけたくないと考える人などを中心に利用者が増えています（「永代供養墓」の詳細については88ページをご参照ください）。

「納骨堂」は、故人の遺骨を個別に安置するための建造物や収蔵スペースのことで、屋内にあるので天候に左右されずにゆっくりお参りできるのが特長です。都市部などの交通アクセスのいい立地にあるこ

自然に還るイメージの里山タイプの「樹木葬墓」。
写真協力：森の墓苑（千葉県）

バックヤードの棚に遺骨が納められていて、間接参拝するタイプの「納骨堂」。写真：東京都多磨霊園

とが多いのも特長で、「ロッカー式」や「棚式」、遺骨が安置場所から参拝者の前に自動で運ばれてくる「自動搬送式」、参拝所に遺影が映し出される「デジタルサイネージ式」などのバリエーションがあります（「納骨堂」の詳細については94ページをご参照ください）。

お墓を必要としない「散骨」「手元供養」という弔い方

前述の4タイプはお墓に遺骨を納めることを前提にしたスタイルですが、お墓に入れない弔い方もあります。それが「散骨」や「手元供養」です。

「散骨」は、遺骨をパウダー状の遺灰にして海や山に撒いて自然に還す弔い方で、カプセルに入れた遺灰をロケットで打ち上げる「宇宙葬」や風船を使って遺灰を成層圏まで送り出すパターンもあります。１９８７年（昭和62年）に俳優の石原裕次郎さんが亡くなった際に、海洋散骨が計画されて注目を集めました。

散骨場所については、海であっても山であっても、

各自治体によって規制が設けられたりしている場合があるので、事前に確認することが必要です（「散骨」の詳細については114ページをご参照ください）。

「手元供養」は、遺骨を自宅に安置して供養する方法です。「自宅供養」とも呼ばれています。お参りに出かける必要がなく、故人を近くに感じられるのが特長です。

遺骨はパウダー状の粉骨にして沖合で撒く「海洋散骨」。
写真協力：メモリアルスタイル

法律的な心配をする人もいるかもしれません。ですが、墓埋法では第4条で「埋葬又は焼骨の埋蔵は、墓地以外の区域に、これを行つてはならない。」と書かれてはいますが、遺骨を自宅に置くことについては特に規定がありません。そのため法律違反になることはないのです。

遺骨の一部をペンダントやネックレスなどのアクセサリーに加工して、日々身につけて供養する人もいます（「手元供養」の詳細については118ページをご参照ください）。

ミニ骨壺の種類は陶器だけでなく、ガラスやチタン、漆などさまざま。
写真協力：メモリアルアートの大野屋

ポイントまとめ

お墓の形は時代のニーズに合わせて多様化しており、選択肢が増えている。

遺骨の入った骨壺をお墓に納めずに供養する方法もある。

「永代供養墓」とはどんなお墓なのですか？

「永代供養墓」は承継者を前提としない遺骨の管理・供養システム

一般的なお墓の場合、掃除やお参りは承継者や残された家族の役目とされています。またお墓を維持するための年間管理料も、墓地の管理者に毎年納めなくてはいけません。こうした承継者としてのつとめや支払いがないのが「永代供養墓」です。

「永代供養墓」は、承継を前提としない遺骨の管理・供養システムのことを表しており、その外形はさまざまです。「納骨堂」や「樹木葬墓」も永代供養システムを採用しているところが多く、広い意味で「永代供養墓」の一種として紹介されることもあります。

江戸時代にも行われていた!?「永代供養墓」の歴史

「永代供養」というシステム自体は、江戸時代からあったと言われています。多くのお寺から江戸時代に書かれた「永代台帳」が見つかっているのがその証拠と言われていますが、どのような仕組みであったかの詳細は伝わっていません。ですが「何かしら

の理由があって受け継ぐ人がいない状況に陥ってしまったお墓」に対する措置であり、当時の檀家制度を考えあわせると、永代供養を受けられたのはその寺の宗旨を信仰している近隣住民だけだったのであろうと思われます。

現在のような「生前から自分の入るお墓を契約する」というスタイルの「永代供養」をはじめたのは、1989年（平成元年）の新潟県の妙光寺だと言われています。

檀家としてお寺と付き合う必要はないが宗派に対する理解は必要

「永代供養墓」は「供養」という宗教儀式をともなうため、寺院が墓地の管理に関わっている場合がほとんどですが、「檀家になる」という強制はありません。檀家としてお寺とつきあったり行事や法要に参加したりする必要はないのですが、「管理しているお寺とは無関係」と考えるのは避けたほうがいいでしょう。同じお墓に檀家として入っている人もいますし、供養や法要はそのお寺の宗派のやり方でとり行われますので、お寺の宗派についての理解は求められます。

また生前に「永代供養墓」を購入した場合には、合同法要などの形で購入者同士が交流できる機会があることもあります。そうした場で購入者同士が仲良くなるケースもありますので、それもお寺が結んだ縁として前向きにとらえてみてはいかがでしょうか。

ポイントまとめ

永代供養墓は、承継を前提としないため子どもや孫に負担をかけずに済む。

墓地や霊園が続く限り、管理者が家族の代わりに供養してくれる。

「永代供養墓」のメリットと注意点はどんなところ？

無縁墓にならず、半永久的に供養してくれるのが魅力

「永代供養墓」は承継を前提としないお墓です。こうした点は、お墓を受け継ぐ人がいない人や子どもや孫世代に負担をかけたくないと考えている人にとっては最大のメリットと言えるでしょう。維持・管理の負担が軽くなるため、先祖伝来のお墓から永代供養墓への改葬を考える人もいます。

お寺が続く限り半永久的に供養してくれるので、こうした安心感がある点は、子どものいない人や独身者にとっても大きなポイントではないでしょうか。

新たにお墓を建てようと考えている人にとっては、一般的なお墓に比べて費用が抑えられるのも見逃せないポイントです。通常の墓石を用いたお墓を建てる場合、その費用は１００万～３５０万円が相場と言われていますが、「永代供養墓」の場合はひとり当たり5万～70万円が相場とされており、金銭的な負担が軽くなることが考えられます。

さらには、宗派や宗旨を問わず利用できるところも多いと言われています。購入の際に檀家になる必要がないため、お寺の行事・法要への参加や本堂の改修工事などの際に寄進を求められることもありません。お寺とのつきあいに煩わされることがない点も、「永代供養墓」の利点と言えるでしょう。

料金はひとり当たりで計算されるので納骨数が増えるほど金額が大きくなる

「永代供養墓」のメリットを見てきましたが、購入を考えるにあたっては注意するべき点もあります。そのひとつは、料金です。メリットの中で「費用が抑えられる」と書いてあり、矛盾を感じる人も多いかもしれません。ここで注意が必要なのは、「永代供養墓」の金額の目安が「ひとり当たり」であるという点です。夫婦や家族を納骨するのであれば費用の見当がつきますが、改葬で「永代供養墓」の利用を考える場合は、遺骨の数が増えるほど金額がかさむことになるのです。そうした点は、1区画で契約する承継墓とは違うので注意が必要です。

また「永代供養墓」には、「最初から合葬されるタイプ」と「当初は個別に納骨されて決められた期間が過ぎた段階で合葬されるタイプ」があります。どちらも最終的には他の人の遺骨と一緒に合葬されるのですが、その際には骨壺から遺骨がとり出されます。そのため合葬後に遺族から遺骨の返還を求められても、遺骨が他の人のものと混ざって特定できず、管理者側は返すことができません。過去にはこうしたトラブルで裁判が行われた事例もあるので、事前に家族や親族とよく相談しておきましょう。

また公営の「永代供養墓」では死後の購入が前提で、生前の購入ができないところも多いので注意が必要となります。

ポイントまとめ

購入後は承継者がいなくても半永久的に供養してくれる。

ひとり当たりの金額は抑えられるが、納骨数が増えるとその分金額が高くなる。

「永代供養墓」を選ぶポイントを教えてください!

遺骨の個別安置期間によって、選べるお墓のタイプが変わる「永代供養墓」

「永代供養墓」を選ぶときに、立地や宗旨宗派の確認と併せて最初に決めなくてはいけないのが、「遺骨を個別に安置する期間を設けるかどうか」です。

「永代供養墓」には「合葬墓」「個別墓」「集合墓」があるのですが、個別に遺骨を安置する期間はなくてもいいという人は、自動的に「合葬墓」を選ぶことになります。

「合葬墓」は、ひとつの墓標の下に複数の遺骨を納骨するタイプのお墓です。個別にお墓を建てないため、費用を抑えられます。ですが、骨壺からとり出して他人の遺骨と一緒に土中に埋められるので、後で改葬しようと思っても遺骨をとり出せません。また、見ず知らずの人の遺骨と一緒に埋められることに感情的な違和感を抱く人もいるようです。

「やはり一定期間は個別に安置してお参りできるようにしたい」という人は、「個別墓」を選ぶことになります。

「個別墓」は、個人か夫婦で専用墓所に入って永代供養を受けるタイプです。契約期間中は一般的な承継墓と変わらない個人墓で供養を行い、期間が満了

すると遺骨が合葬墓に移されます。契約期間中は掃除なども管理者が行い、個別にお参りすることができますが、費用が高くなるので注意が必要です。

個別スペースがあったり、骨壺を利用して納骨したりする「集合墓」もあります。石碑や供養塔などの下の広い納骨スペースを区切り、共同で骨壺を納めるタイプのお墓です。

「集合墓」も「個別墓」と同様に、一定の期間を経た段階で遺骨は「合葬墓」に移されることもあります。

個別安置期間の長さや納骨する人数によっても予算に影響が出る

遺骨を個別に安置することを選んだ場合、次に安置する期間と人数を決めなくてはいけません。

安置する期間については、霊園によって1年・3年・5年といった短期間を選べる場合もありますが、一般的には三十三回忌などのタイミングを目安にするところが多いようです。安置期間の長さによって金額が変わってくるので、霊園のプランを確認して家族や親族と話し合って決めましょう。

永代供養墓で個別安置する場合、ひとり用・ふたり用（夫婦用）・3〜4人用（家族用）といった形で、人数制限がある場合がほとんどです。これも金額に影響の出る部分なので、慎重に選びましょう。

独特なたたずまいの「デザイン墓」。唯一無二のオリジナリティあふれるお墓もめざせます。
写真協力：メモリアルアートの大野屋

ポイントまとめ

個別に遺骨を安置する期間を設けるかどうかを決めることが「永代供養墓」選びの第一歩。

「納骨堂」はどんなタイプのお墓なのでしょうか？

2000年前後からお墓の代わりとして使われるようになった「納骨堂」

一般的な墓石を備えた「承継墓」が屋外にあるのに対して屋内にあるのが、遺骨を納めるための収蔵スペースを備えた「納骨堂」です。

本来「納骨堂」は、お墓が用意できるまでの間に寺院などが骨壺を一時的に預かるための建物として設置されていました。しかし、2000年（平成12年）頃から「お墓の代わりに使いたい」という声にこたえて活用されるようになったと言われています。

立地の良さや天候を気にせずお参りできる点などが人気を呼び、墓地用地が不足している都市部を中心に数を増やしました。

「直接参拝」と「間接参拝」に分かれて進化を続ける「納骨堂」

現在「納骨堂」は、骨壺を見ることができる「直接参拝」タイプと、骨壺が眼前には出てこない「間接参拝」タイプに分けられます。

「直接参拝」タイプには、1～数袋分の骨壺が入る大きさの扉付きの棚が並んだ「ロッカー型」や、上段に仏壇があり、下段が納骨スペースになっている「仏壇型」、バックヤードに保管された骨壺がコンピューター制御で参拝スペースに運ばれてくる「自動搬送型」などがあります。

一方の「間接参拝」タイプには、骨壺や位牌が並んだ「納骨堂」の共有参拝スペースでお参りする「棚型」などがあります。中には、参拝所のデジタルサイネージに遺影が映し出されるハイテク仕様のものもあります。

「納骨堂」の1形態である「ロッカー式」は、個人の好きだったものを供えて入れておくことができます。写真協力：実宗寺青山霊廟（東京都）

家墓として承継を前提に購入する人が多い「仏壇式」の「納骨堂」。写真協力：実宗寺青山霊廟（東京都）

「納骨堂」は、永代供養墓と同様に一定期間を経て合葬されるタイプもあれば、承継墓のように子や孫に受け継いでいくタイプもあり、それぞれの事情に応じて選ぶことができます。また宗派不問で、檀家契約を前提としない「納骨堂」も多くあります。

金額的にも承継墓に比べてリーズナブルで、もっとも価格設定の低い「棚型」で10万～20万円、予算のかかる「自動搬送型」で80万～150万円程度が価格相場となっています。ただし年間管理料についてはメンテナンスに費用がかかるため、「承継墓」より高い傾向があります。

ポイントまとめ

- 屋内施設なので天気を気にせずに参拝ができる。
- 価格相場は「承継墓」より低いが、年間管理料はやや高めの場合が多い。

「納骨堂」のメリットと注意点を教えてください！

費用が抑えめでお墓参りしやすい「納骨堂」

交通の便のいい立地にあることが多く、比較的リーズナブルな価格で購入できる「納骨堂」ですが、それ以外にもいくつかのメリットがあります。

そのひとつが「購入後にすぐ使うことができること」です。工事などの必要がないため、購入したその日から使うことが可能です。

また「納骨堂」は屋内施設であるため「承継墓」のように風雨にさらされることはなく、墓石の手入れや掃除、雑草を抜くといった手入れの必要ないのも魅力です。さらには天候に左右されることもなく、空調の効いた屋内で快適にお参りできるのもいいところです。

誰にも予測できない施設の老朽化とメンテナンス問題

利用者にとってメリットの多い「納骨堂」ですが、注意しなければいけない点もあります。

まず「お線香やお供え物に制限がある場合がある」ことです。「納骨堂」は屋内施設なので、安全面や衛生面の観点からお線香を使える場所が限られていたり、お供え物をすぐに下げたりしなければいけないといった規制がある場合があるのです。

お盆やお彼岸などのお墓参りシーズンに混みあうこともあります。共用の参拝所が順番待ちになったり、納骨スペースの前が混雑したりする場合があり注意が必要です。

また、これが最大の懸念事項なのですが、「将来のメンテナンスについて不安がある」という問題があります。

「納骨堂」のある建物が数十年後にどうなっているかは、誰にもわかりません。たとえば「自動搬送型」の機械が老朽化して交換が必要になった場合、その作業にはどれくらいの時間がかかるでしょうか？　その作業を行うために納められている数百にものぼる遺骨を移動することになった場合、誰がどうやって行うのでしょう？

老朽化やメンテナンスの問題については、誰にも予測しきれない面があります。しかも修理にかかる費用によっては、管理費が大幅に上がる可能性もあるのです。

屋内施設であるがゆえのメリットと問題点があるのは、「納骨堂」ならではの特徴です。将来起こりうる事態について、管理者の考えを確認することも大切なポイントです。

ポイントまとめ

空調の効いた快適な参拝所など、屋内だからこそのメリットは多い。

老朽化で将来問題が起こる可能性も。

「納骨堂」を選ぶポイントにはどんなことがありますか？

「納骨堂」選びで失敗しないための5つのチェックポイント

都心に近くアクセスに便利な立地や一般的なお墓に比べて抑えめの価格設定で人気を集めている「納骨堂」ですが、比較的新しいお墓のタイプであるため、購入にあたってはイメージできない部分もあって不安を感じる人も少なくないかもしれません。

そこで、「納骨堂」を選ぶにあたって事前に確認しておきたいポイントを5つご紹介します。優先順位は人によって違うかもしれませんが、いずれも費用や利便性にかかわる部分なので、必ずチェックしておきましょう。

将来のことも考えて、納得いくまで確認することが大事

最初に確認するのは「利用人数」です。「納骨堂」は一般的な「承継墓」より安価な傾向にありますが、収蔵する遺骨数で費用が変わってきます。自分だけが入るのか、夫婦や家族で使うのかは、事前に家族や親族としっかり話し合っておきましょう。

次のポイントは「立地」です。都市部にあること

が多い「納骨堂」ですが、購入後に自分や家族がお参りするときのことを考えて、自宅からのアクセス方法や所要時間、最寄り駅からの距離なども確実に押さえておきたいポイントです。

「宗旨・宗派不問」も忘れずにチェックしましょう。「納骨堂」では「宗旨・宗派不問」のところが多いのですが、中には「在来仏教のみ」といった条件がつくところもあります。また宗教施設ですから、納骨後の法要は運営する寺院の宗派で行われるので、

購入資格や供養形式は必ず確認が必要です。

「個別供養の期間」にも注意が必要です。永代供養してくれるところがほとんどの「納骨堂」ですが、個別に遺骨を安置してくれる期間は契約によって変わってきます。また個別安置期間満了後は合葬されることになりますから、合葬先もしっかり確認しておきましょう。

「費用と施設の充実度」は、購入者がもっとも関心を持つポイントです。これまで見てきたポイントや参拝のしやすさなどの諸条件と費用のバランスをしっかり確認しましょう。将来的な施設の老朽化対策を管理者がどう考えているかについても、チェックが重要です。年間管理料の値上げや追加費用の発生にかかわってくる部分なので、納得いくまで確認しましょう。

ポイントまとめ

条件と費用のバランスが大事なポイント。

将来的に追加費用が発生する可能性についてもチェックを忘れずに！

人気の「樹木葬墓」ってどんなお墓なの？

1999年に誕生して人気を博した自然葬スタイルのお墓

近年注目を集めている「樹木葬墓」。墓石の代わりに樹木や草花などの植栽を用いたお墓で、人気の高まりとともにさまざまなタイプのものが生まれています。

「樹木葬墓」を最初に手がけたのは、岩手県一関市にある祥雲寺です。１９９９年（平成11年）当時、環境が荒れていた里山を保全する仕組みを作るために、自治体と協力して自然葬の墓地を作って資金を集めようと考えたのがきっかけでした。

こうして誕生した日本初の樹木葬墓地「知勝院」は完成と同時に予想以上の人気を集め、首都圏からも多くの人が購入したと言われています。

その人気に注目した横浜市は２００６年（平成18年）に、その頃車のオークション場になっていた横浜ドリームランドの跡地を利用して、自治体が手がける最初の樹木葬墓地「横浜市営墓地メモリアルグリーン」を作りました。

この霊園は墓石を立てない芝生型墓地を中心に、シンボルツリーを配した合葬墓を併せて開発したものでしたが、募集開始と同時に即完売して話題を呼

びました。

霊園によって「里山型」「公園型」「ガーデン型」がある

こうした人気を受けて、現在ではさまざまなタイプの樹木葬墓地が誕生していますが、霊園によって大きく「里山型」「公園型」「ガーデン型」に分けることができます。

「里山型」は、自然の山野を利用した樹木葬墓地で、日本最初の樹木葬墓地である「知勝院」と同じタイプの霊園になります。遺骨を土中に納骨し、その場所に植樹して墓標とする霊園ですが、樹木葬墓地の中では極めて数が少ないタイプでもあります。

墓埋法では第4条で「埋葬又は焼骨の埋蔵は、墓地以外の区域に、これを行ってはならない。」と規定されているのですが、山林を墓地として使用する許可を得るためには大変な労力を必要とします。また、自然の山を利用するため必然的に都市部から離れた場所にあり、利用者のアクセスが不便であることも「里山型」の霊園の数が少ない要因であると思われます。

「公園型」は現在の樹木葬墓地の多くが採用しているタイプで、都市型霊園や寺院の境内に設けられた樹木葬墓地です。墓地用に区画整理された区域で納骨と植樹が行われているため、自然の景観を利用した「里山型」とはかなり趣が異なります。一般的なお墓の墓石を樹木に変えた様子を思い浮かべてもらえればイメージしやすいかもしれません。

「ガーデン型」は欧州の公園をイメージしたタイプで、霊園内にはバラなどのさまざまな草花が植えられています。「公園型」より小規模ながら、明るく開放的なタイプです。

納骨のスタイルは「永代供養墓」と同じ3種類

霊園によってタイプの分かれる「樹木葬墓」です

が、そのほとんどは、お墓を受け継ぐ必要のない「永代供養墓」と同じシステムを採用しています。

納骨のスタイルについても同様で、「合葬型」「個別型」「集合型」の3タイプがあります（92ページをご参照ください）。

「合葬型」は、シンボルツリーのまわりに遺骨を他の人とまとめて納骨するタイプで、身寄りのない人や費用を抑えたい人に人気があります。

「個別型」は個別の区画に納骨を行うタイプで、個人や夫婦、家族で区画を利用できますが、人数が増えた分だけ費用は高くなります。とはいっても、大がかりな工事や石材の加工が必要な一般的なお墓に比べれば、費用をかなり安く抑えることができます。

「集合型」は、シンボルツリーのまわりに設けられたスペースに個別に骨壺を納めるタイプです。お参りのときに手を合わせる墓標は共通の樹木になりますが、遺骨は他の人と混ざりません。

ただし「個別型」や「集合型」は、契約時にとり決めた一定の個別管理期間が過ぎたあとは、遺骨を骨壺からとり出して他の人の遺骨と合葬されることもあります。

なお「個別型」の個別管理期間については、たとえば家族4人で契約した場合、4人目の遺骨を納めてからカウントされることになります。

墓石を持つお墓に比べて価格がリーズナブルな点が、「樹木葬墓」の大きな魅力です。霊園の立地によっても差はありますが、「樹木葬墓」の価格相場はひとり当たり20万〜50万円ほどと言われており、墓石を使ったお墓に比べて求めやすい価格帯ということができるでしょう。

ポイントまとめ

「樹木葬墓」の多くは承継の必要ない「永代供養墓」と同じ方式を採用している。

納骨のしかたも、「永代供養墓」と同じ3タイプが用意されている。

「樹木葬墓」のメリットと注意点を教えてください

承継者問題や費用面などで安心感がある「樹木葬墓」

お墓の最新トレンドとして、ニーズにこたえて進化を続けている「樹木葬墓」ですが、人気の要因であるポイントと、購入を考える上で注意すべき点にはどんなものがあるのでしょうか。「樹木葬墓」のメリットとデメリットについて確認してみましょう。

まず「樹木葬墓」のメリットですが、大きな利点として「承継を前提としていない」という点があげられます。

従来の墓石を用いたお墓は、掃除やお手入れが必要になります。石でできた墓石は世代を超えて残りますから、子々孫々にわたって管理を受け継いでいくことが求められるのです。ですから、承継する子どもがいなかったり、子どもに受け継ぐのを拒否されたり、子どもや孫に手間をかけたくないと考えたり、さまざまな理由からお墓の承継者がいない人にとっては、大きな安心感につながるポイントといえるでしょう。

一般的なお墓に比べて「費用が安く抑えられる」のも大きなポイントです。一般的なお墓の場合、墓地と契約して永代使用料を支払い、墓石の費用を石材店に支払います。区画の広さや墓石のグレード、使用する石材の大きさや量によっても変わってきますが、100万~350万円くらいはかかると言われています（詳細は61ページを参照してください）。ところが「樹木葬墓」の場合、墓標には墓石ではなく樹木を用いるため、費用が大幅に抑えられるのです。こうした費用的負担を抑えられる点は、大きなメリットと言えるでしょう。

また、山から切り崩して石材を掘り出す必要がないため、地球にやさしい点も環境保護に意識の高い人に評価されているのでしょう。

「自然回帰」というコンセプトから生まれた新しいお墓の形である「樹木葬墓」は、「宗教不問」の墓地が数多くあります。お寺が運営する墓地であっても宗旨・宗派に縛られることがなく、仏教以外の宗教でも入れるところが数多くあります。宗教的な縛りがない気楽さもメリットのひとつです。

しかも樹木葬の墓地では、そのほとんどが「永代供養墓」のシステムを採用しており、遺骨は一定期間を過ぎると合葬されます。「樹木葬墓」は原則として一代限りのお墓であり、納骨後は霊園がある限りは承継者がいなくても永代にわたって管理されます。そのため、利用者にとっては安心感が大きいのも特長です。

「樹木葬墓」のデメリットもしっかり把握したうえで検討を

利用者にとってはさまざまなメリットが考えられる「樹木葬墓」ですが、注意すべき点にはどんなことが考えられるでしょうか。

まず考えられるのが、「樹木葬墓」を利用することについて、「家族や親族と事前に相談することが不可欠」という点です。樹木葬は比較的新しい弔い方であるため、石のお墓を見慣れている人からすると違和感を覚えたり、物足りなさを感じることがある場合が考えられます。

もちろんお墓に関する話については故人の意思と施主の意向が優先されるべきですが、故人の関係者から苦言を呈されるのは避けたいものです。お墓参りに訪れてくれる可能性のある人には、事前に相談して理解を求めておくことが大切です。

樹木葬では、一定の個別管理期間を経た遺骨は骨壺からとり出され、シンボルツリーの下に合葬されて自然に還ることになります。そのため、合葬された遺骨は他の人のものと混ざってしまい、個別にとり出す

◆「樹木葬墓」のメリット

- 承継を前提としないため、承継者問題で悩まされることがない。
- 工事や墓石を用意する必要がなく、費用が安く抑えられる。
- 遺骨を自然に還すことができる安心感があり、環境にもやさしい。
- 「宗教不問」の場合がほとんどであるため、気楽に利用できる。
- 霊園がある限り永代にわたって管理されるので、安心感が大きい。

ことは不可能になります。将来遺族が改葬したいと望んだとしてもできなくなりますので、十分注意することが必要です。

「樹木葬墓」では、「永代供養墓」と同様に入る人数によって金額が増加します。そのため、個人や夫婦であればいいのですが、家族で入るというケースでは、納骨人数によっては総額が一般の「承継墓」より高額になってしまう場合があります。費用の安さを重視する人は、そうした点も事前にきちんと確認しておきましょう。

墓地の立地についても、霊園探しの際に確認しておきたいポイントです。特に「里山型」の場合、自然の山野を利用して作られているため、都市部から離れた郊外にあることがほとんどです。自然に囲まれた美しい景観を持っている半面、公共交通機関の便が悪く、お墓参りには不便な場合が多くありますので注意しましょう。

お墓参りの際には、線香とロウソクを灯すのが一般

◆「樹木葬墓」のデメリット

- 新しいスタイルのお墓のため、家族や親族に理解されにくい面がある。
- 遺骨が合葬されたあとは個別にとり出すことができない。
- 納骨人数によっては、総額が高くなってしまう場合がある。
- 郊外にある山野を利用している場合、お墓参りに不便な立地にあることも。
- 火が使えず、線香やロウソクが灯せない。
- 災害に弱い。

的ですが、「樹木葬墓」では火の使用が禁止されている場合がしばしば見受けられます。火災予防の観点からいたしかたない部分もあるのですが、手を合わせるだけのお参りになるため、物足りなさを感じる人もいるかもしれません。また花台などの設備が用意されていないため、花を供えることが難しい場合があります。

墓標の代わりに樹木を使う「樹木葬墓」では、山火事や土砂崩れなどの災害にみまわれた場合、お墓が消失してしまう可能性があります。頑丈な墓石の場合は消失の危険はありませんし、土砂に埋もれても発見される可能性は高いでしょう。墓石には家名が彫刻されているため、特定も容易です。しかし樹木の場合はそうはいきません。猛烈な台風に見舞われた場合には墓標の樹木が折れてしまったり、根こそぎ倒壊したりすることも考えられます。可能性はそれほど高くないかもしれませんが、災害に弱いという点も頭に入れておきましょう。

ポイントまとめ

承継者問題や費用面などで悩まされることが少ないため、安心感が大きい。

火が使えないなど一般的な墓地とは違う面があり、違和感を覚える人も。

「樹木葬墓」を選ぶときのチェックポイントは？

登場当初から注目度の高い自然志向の「樹木葬墓」

従来からある一般的なお墓とは雰囲気が違い、自然に抱かれて眠りにつくイメージがある「樹木葬墓」。環境問題に対する関心の高まりや自然回帰志向といった時代のニーズに合わせて、登場当初から高い人気を誇っており、公営の霊園では応募倍率が上がって当選困難な状況も生まれています。

こうした注目度の高まりを見せる「樹木葬墓」を選ぶにあたって、押さえておきたいチェックポイントをまとめてみました。

まずは家族・親族と事前に相談することを忘れずに

「樹木葬墓」は原則として承継を前提としないため、ひとりか夫婦で入るのであれば自分の代まで、家族で利用するとしても子どもの代までしかお墓は残りません。跡取りがいない場合であれば問題はないのですが、承継できる人がいるにもかかわらず「樹木葬墓」に踏みきる場合は、家族の理解を得ておかないと将来的にトラブルの元になる可能性が考えられます。

また「樹木葬墓」は代々のお墓にすることはできないため、すでにある一族のお墓の承継者が「樹木葬墓」への改葬を考えている場合には、近い将来「○○家之墓」が消滅してしまうことになります。そうなると、「樹木葬墓」への転換に苦言を呈する親族がいるかもしれません。

「樹木葬墓」は比較的新しいお墓のタイプであるため、従来の墓石を使ったお墓に比べて理解されていない場合があります。のちのトラブルを防ぐためにも、必ず家族や親族とは話し合いの場を持つことが大切です。

お墓は自分たちの眠る場所であるだけでなく、残された人が故人を偲ぶために訪れる場所でもありますから、死後に自分のお墓にお参りに来てくれる人のことも考える必要があります。事前に家族や親族ときちんとコミュニケーションをとって、お互いに納得のいく結論に達してからお墓探しに動き出すようにしましょう。

運営母体による違いや資格制限をチェックする

家族や親族と無事に合意に達したら、次に自分が眠ることになる霊園のタイプや納骨方法などを検討しましょう。

「樹木葬墓」も、通常のお墓と同様に「公営墓地」「寺院墓地」「民間霊園」にあります。「樹木葬墓」は「宗教・宗旨・宗派不問」として販売されているところが多いのですが、中には個別の「法要は管理する寺院の宗派で行う」などの条件がつく場合もあるので、契約する前にしっかり確認しておきましょう。

また「公営墓地」の場合は、「樹木葬墓」を扱っている霊園自体がまだ少ないこともあり、競争率が高い傾向にあります。応募しても抽選になるケースが多いうえに、霊園を運営する自治体の住民であることが必要であったり、遺骨が手元にある必要があったりするなど、応募資格にさまざまな制限がある場合が多いようです。

最寄りの自治体に「樹木葬墓」を扱う霊園があるとは限らないので、そうした点からチェックすることが必要となります。

お墓参りの通いやすさも参考に霊園のタイプを検討する

霊園を選ぶ際には、101ページでも紹介した「里山型」「公園型」「ガーデン型」のどのタイプで選ぶかも考える必要があります。

前述したように、「里山型」は山野を利用するため都市部から遠くにあり、アクセスが悪いのは否めません。「樹木葬墓」を夫婦で利用契約し、夫あるいは妻のどちらかが先に入っている場合には、お墓参りの利便性も考える必要があります。特に高齢者の場合は体力的な問題も出てくるため、年齢を重ねても問題なく通えるところを検討しましょう。

また「里山型」の場合、樹木を墓標の代わりに用いるため、納骨されている人の名前を残すことが難しい場合があります。お墓参りに来てくれる人がいる間はせめて目印として名前を残したいという人には、「公園型」などで銘板が設置できる霊園もあります。

できれば実際に現地に足を運んで、自分の目で霊園を確認してみましょう。

納骨のタイプによっても料金が変わる「樹木葬墓」

霊園選びと並行して、「合葬型」「個別型」「集合型」の納骨のタイプも考える必要があります。

「合葬型」は最初から個別納骨はせず、共有のシンボルツリーの下の土中に他の人の遺骨と一緒に納骨するタイプです。身寄りのない人やお参りにあまりこだわりのない人などに選ばれるタイプで、予算的にはもっともリーズナブルです、費用相場は5万～15万円ほどと言われています。

「集合型」は、シンボルツリーの周辺に用意されたカロート（納骨スペース）に納骨されるタイプで、お参りに来た人は墓標の代わりに大きなシンボルツリーに手を合わせることになります。カロートは共有で、他の人の骨壺と並んで納められます。中には特製の袋や布に遺骨を入れて納骨したり、細長い骨壺に遺骨を入れて、入りきらない分は合葬するとい

樹木葬墓の納骨スタイル

	埋葬スタイル	礼拝	費用相場
合葬型	他の人の遺骨と まとめて納骨	共有のシンボルツリー	5万～15万円
集合型	シンボルツリーの周辺に 用意された個別の カロートに納骨	共有のシンボルツリー	20万～50万円
個別型	個別の区画の中に納骨	個別の樹木	50万～80万円

うスタイルの霊園もあります。

カロートに納められた遺骨は、一定の期間が過ぎると骨壺からとり出して合葬されることもあります。費用の相場は20万～50万円ほどと言われています。

「個別型」は、割り当てられた区画の中に納骨をするタイプです。夫婦や家族単位での利用が可能ですが、その分費用が高くなり、相場は50万～80万円と言われています。「集合型」と同じように、一定の期間が過ぎると骨壺からとり出して合葬されることもあります。合葬後は他の人の遺骨とまざって土に還ることになるため、個別にとり出すことはできなくなります。

雑草が茂って納骨場所がわからなくなることも

その他にも、確認しておくべき点として「手入れの問題」があります。樹木葬の墓地の手入れは、一般的には個別の区画も含めて管理者が行いますが、どこまで手入れをするかは墓地の管理者によって異なってきます。

「里山型」では、自然のままの姿に還っていくという趣旨のため、あえて樹木の剪定や草刈りをしないところもあります。そうなると、しばらくお墓参りに行けず手入れができなかったために、雑草が伸びて故人が眠っている場所が特定できなくなってしまったという事態が起こる可能性もあります。山谷

での草刈りや樹木の剪定は想像以上に大変な作業ですから、手入れについては事前に管理者にしっかり確認しておくようにしましょう。

また「墓地の景観が想定外に変わってしまう」という可能性もあります。自然に囲まれた「樹木葬墓」では、季節の変化や時の流れで墓地の景観が最初と大きく変化してしまう場合があるのです。時には、シンボルツリーが途中で枯れてしまうケースも考えられます。

「里山型」の「樹木葬墓」は自然が相手であるため、人の予測を裏切る変化が起きる可能性も頭のスミに入れておくようにしましょう。

ポイントまとめ

立地や霊園のタイプ、納骨スタイルなどを組み合わせて理想の「樹木葬墓」を選ぶ。

自然が相手のため、予想を超えた事態が起こることもあるので注意が必要。

母から遺言で「『散骨』して」と言われたんだけど……？

条例で禁止している自治体もあるので事前の確認・注意を忘れずに

1987年（昭和62年）に昭和の大スター・石原裕次郎さんが亡くなった際に、実兄の石原慎太郎さんが計画して論議を呼んだ「散骨」。粉末状にした遺骨を海や山に撒く葬送方法です。

日本では奈良時代にはすでに行われており、『万葉集』にも歌が残されている「散骨」ですが、ではなぜ石原裕次郎さんの散骨計画は論議を呼んだのでしょうか。実は「散骨」が、日本では法的にグレーゾーンにあるからです。

墓埋法第4条では、「埋葬又は焼骨の埋蔵は、墓地以外の区域に、これを行ってはならない。」と規定しています。ですがこれは「死体の埋葬」や「焼骨の埋蔵」を行う場所についての規定であり、施行当時は遺骨を海や山に撒くことは想定されていませんでした。

では他の法律ではどうでしょう。刑法第190条には「死体、遺骨、遺髪又は棺に納めてある物を損壊し、遺棄し、又は領得した者は、三年以下の懲役に処する。」とあります。「散骨」は、この死体遺棄に抵触する可能性があるとして問題視されたのです。

この問題については1991年（平成3年）に法務省が「葬送のための祭祀として、節度を持って行われる限り、遺棄罪には当たらない」という非公式なコメントを発表したことで決着をみました。

非公式ながら国が認めたと解されている「散骨」ですが、どこにでも撒いていいというわけではありません。環境保護や住民の声などを受けて、各自治体が条例で「散骨」できる場所を限定したり禁止したりしている場合があるのです。

トラブルを避けるためにもマナー遵守が求められる「散骨」

自治体による条例をのぞけば、明確な禁止規定のない「散骨」ですが、さまざまなトラブルを避けるために守るべきマナーが存在します。そのひとつが、「遺骨を2ミリ以下のパウダー状の粉骨にする」ことです。これは遺骨がいち早く自然に還るための配慮で、散骨業者間の暗黙のルールでもあります。

また、山に遺骨を撒く場合には地主の許可が必要です。地主や近隣住民の許可が得られない場所で遺骨を勝手に撒くことはできません。海洋散骨が多いのは、こうした点への配慮もあると思われます。

なお海洋散骨の場合、喪服を着た人が船着き場に集まれば、「散骨」することが一目瞭然です。それを不快に思う人がいることも考えられますから、喪服ではなく動きやすい格好で行うのがおすすめです。

法律上は禁じられていない「散骨」ですが、トラブルを避けるためには気を配らなくてはいけない点が数多く存在します。そうした点が煩わしいと思う人は、専門業者に依頼することも考えてみましょう。

ポイントまとめ

「散骨」を禁じる法律は存在しない。

自治体によっては「散骨」を禁じる条例があるので注意が必要。

SF好きのロマンをくすぐる「宇宙葬」って何？

1997年に誕生したばかりの新しい弔い方のトレンド

「宇宙葬」は、海や山ではなく宇宙に遺骨を撒く「散骨」の一種です。遺骨や遺灰を入れたカプセルをロケットで打ち上げるもので、カプセルは人工衛星とともに地球の周りを回り続けたり、外宇宙に向けて旅立ったりと、専門業者によってさまざまなプランが用意されています。中にはカプセルを乗せた人工衛星がどこを飛んでいるかを専用アプリで確認できるサービスもあります。日本上空を飛んでいるときに空を見上げれば、時間帯や天候次第では人工衛星が見えるかもしれません。

世界で初めて「宇宙葬」が行われたのは1997年（平成9年）4月のアメリカで、SFドラマ『スタートレック』のプロデューサーら24人の遺骨が宇宙に送られました。

ロマンに満ちた弔い方である半面注意点も多く存在する「宇宙葬」

もっともロマンにあふれた弔い方といえる宇宙葬ですが、注意すべき点も存在します。そのひとつが、

実施までに時間がかかることです。ロケットを使った「宇宙葬」では、複数人の遺骨を一度にまとめて打ち上げることになるため、申し込んでから実施されるまでに何年もかかることがあります。散骨希望者の集まり具合やロケットの状況によっては打ち上げが延期になることもあり、無事に終えるまでにどれくらいの時間がかかるかわからないので、それを受け入れる覚悟が必要になります。

こうした点もふまえて、事前に遺族の同意をとりつけておくことが必要です。「宇宙葬」を行えば遺骨は二度と返ってきませんし、プランによっては数百万円と決して安くない費用が必要となります。本人が亡くなったあとに遺族が反対すれば、実施されなくなってしまう場合もありますから、事前に相談しておくことが大切です。

「宇宙葬」は歴史が浅いため、実施している会社が少ない点にも注意が必要です。業者を比較して相見積りをとったり、口コミや評判を確認したりすることが難しい場合もありますし、打ち上げを待つ間に会社が倒産してしまうことがあるかもしれません。依頼する業者選びには細心の注意が必要です。

「宇宙葬」の場合、実際に打ち上げる遺骨はわずか数グラムです。そうなると当然、残りの遺骨を納めるお墓が必要になります。「宇宙葬」の場合、遺族にとっては通常の葬儀・納骨に加えて「宇宙葬」の手間が増えることになるので、注意が必要です

文字通り故人が「星になる」ことができる「宇宙葬」ですが、実現へのハードルは決して低くはありません。夢をかなえるためには「本人の熱意」と「予算」「遺族の理解」が必要であることを理解したうえで取り組むようにしましょう。

ポイントまとめ

遺骨が人工衛星とともに地球を周回したり外宇宙をめざしたり、さまざまなプランが用意されている。

「宇宙葬」ならではの注意点も多い。

遺骨を自宅で供養しても問題ありませんか？

自宅に骨壺を安置することは法律違反にはならない

遺骨をお墓に納めず、自宅に置いて供養することを「自宅供養」や「手元供養」と言います。

遺骨をお墓に納めず自宅に置くことが法律違反になるのではないかと心配する人がいるかもしれませんが、「自宅供養」は法律的にはまったく問題ありません。墓埋法では第4条で「埋葬又は焼骨の埋蔵は、墓地以外の区域に、これを行つてはならない。」と規定されていますので、庭に埋めたりすれば違法になりますが、自宅に安置する分には法律違反になることはありません。

確認しておきたい「自宅供養」のメリットと注意点

「自宅供養」の場合、お墓に出かける必要がなく、いつでも気が向いた時に手を合わせることができるのが最大のポイントです。仏壇の位牌以上に故人を身近に感じられる弔い方として注目されています。

また遺骨を自宅に安置するため、お墓を用意する費用がかからないという経済的なメリットも見逃せません。

いっぽうで「自宅供養」には、いくつかの注意点もあります。そのひとつは、家族や親族の理解を得ることが必要な点です。年配者の中には、遺骨をお墓に納めないと「成仏しない」と嫌がる人がいます。また、遺骨がいつまでも家にあることに抵抗感を持つ家族もいるかもしれません。そうした家族や親族にも納得してもらうことが大切です。

また「自宅供養」の場合、自宅で供養してくれる人がいなくなれば、やはり遺骨をどこかに納めなくてはいけません。将来家族や親族に負担をかけないためには、いずれ納骨するためのお墓を探しておくことも必要になります。

骨壺の安置場所に決まりはないが直射日光の当たるところは避けるべき

自宅に骨壺を安置する場合、さまざまな方法が考えられますが、一般的なパターンを3つ紹介します。

ひとつめは、骨壺をそのまま安置する方法です。リビングや寝室、クローゼットなど、好きなところに置けますが、寒暖差で結露すると骨壺の内部に水がたまったりカビが生えたりすることがあるので、直射日光の当たらない場所に保管しましょう。

ふたつめは、遺骨を四十九日まで置いておく後飾り祭壇をそのまま利用する方法です。もともと骨壺を安置するためのものなので、供養壇として活用しやすいアイテムです。

3つめは、自宅供養用の祭壇を手配する方法です。遺骨の収容スペースを備えた仏壇が販売されており、来客などの際にも違和感なく自宅供養できます。

ポイントまとめ

いつでも気軽にお参りできるのが「自宅供養」の最大のメリット。

昨今では遺骨収納スペースを備えた専用仏壇も発売されている。

遺骨がジュエリーに!? 新しいスタイルの「手元供養」

ニーズの変化や技術の進化にともなって、新しい弔い方が日々登場しています。「手元供養」の新しい形の一端をご紹介しましょう。

遺骨の一部を分骨して手元において供養する「手元供養」は、２０００年代になってから広がりを見せるようになった新しい供養法です。

「手元供養」は、陶器製やガラス製のミニ骨壺に入れて安置したり、ぬいぐるみや花器、写真立てなどの一見骨壺に見えないインテリア用品を利用したり、さまざまな方法で行われています。

遺骨の一部をペンダントに納めるカロートペンダント。
写真協力：メモリアルアートの大野屋

中には遺骨をアクセサリーやジュエリーにして、日々身につけて供養している人もいます。遺骨を樹脂で硬化して指輪やペンダントにすることも可能ですし、遺骨を使ってサファイアやダイヤモンドを作り、世界にひとつだけの遺骨ジュエリーに加工することもできます。

アクセサリーの種類や加工のしかたで金額は変わってきますが、樹脂で硬化してアクセサリーにする場合は5万円前後から、ダイヤモンドを作る場合は50万～２００万円が費用相場と言われています。

一見すると普通のアクセサリーにしか見えないジュエリーや、骨壺には見えないオブジェなど、新しいアイテムが登場しているので、興味のある人はインターネットで検索したり、仏具店のカタログをチェックしたりして調べてみましょう。

かわいがっていたペットと一緒にお墓に入れませんか？

数はまだ少ないが「ペット可」の霊園もある

「ペットは家族」という考え方が浸透した昨今では、「かわいがっていた犬や猫を同じお墓に入れたい」という希望が増えています。

ペットは「畜生道」に属するため、人間と同じお墓に入れてはいけないと言う寺院もあります。しかし、時代の変化とニーズの高まりを受けて、近年は「ペット可」の墓地が登場しています。また同じお墓には入れませんが、同じ敷地内にペット専用の区画を設けている霊園も増えてきました。

ペットが苦手な人もいるので周囲への気遣いは欠かせない

宗教的な感情やペットが苦手な人もいるため、人間とペットを同じお墓に入れることについては今でも敬遠する霊園がほとんどです。ペットを一緒に納骨することが可能な霊園であったとしても、動物が嫌いな人もいることを念頭に、周囲への気配りは忘れないようにしましょう。

また同様の理由から、ペットをお墓に入れる際には

親族の賛同を得ておくことが大切です。

ペットのお墓は自宅の庭に作っても法律的にはまったく問題ない

供養を受け付けている寺院の一角や専用霊園に葬られることが多いペットですが、法律では「所有物」と見なされます。そのため納骨については墓埋法をはじめとした法律上の規定がありません。自宅の庭にお墓を建てて納骨することも可能なのです。

庭に納骨する場合、火葬するか土葬するかという問題があります。小鳥やウサギなどの小動物は土葬で問題ありませんが、犬や猫、特に大型犬の場合には火葬するケースが増えています。公衆衛生上の配慮のほか、ペットも人間と同じように火葬することが弔いの形であると考える人が増えたことによるものと言えるでしょう。

ペットの火葬については、家族の立ち合いのもとで火葬し、お骨上げから納骨まで人間と同じスタイルで行うことが可能な「立ち合い個別火葬」、ペット霊園の業者に依頼して遺骨を骨壺に納めた状態で受け取る「一任個別火葬」、ペット霊園の業者が複数のペットを同時に火葬する「合同火葬」などがあります。「合同火葬」では、火葬後にペット霊園の合葬墓に納骨されるため、個別に遺骨を引きとることができないので注意が必要です。

火葬の料金については、ペットの体重によって料金が変わってきますが、3万~6万円が費用相場と言われています。立ち合いをしない場合はやや安くなる場合もあるので、専門の業者に問い合わせしてみましょう。

ポイントまとめ

- ペットと一緒に入れる墓地やペット専用区画を備えた霊園もある。
- 自宅の庭にペットのお墓を作って納骨することもできる。

第4章

墓じまいと改葬

最近よく耳にするようになった「墓じまい」と「改葬」にまつわる手続きから費用までをご紹介！

お墓の承継問題に悩む人に解決への道を拓く究極の選択肢！

跡取りがいなかったり、子どもが故郷を離れて遠くに住んでいたりする人にとっては切実な問題である「お墓の承継」に対するひとつの答えとして、しばしば耳にするようになった「墓じまい」。この言葉をよく聞くということは、それだけこの問題に悩む人が多いという証拠かもしれません。

お墓から遺骨をとり出してお墓をさら地に戻し、管理者に返還する「墓じまい」という言葉をよく聞くようになったのは、先祖代々のお墓を維持・管理していくことが難しい人が増えたり、無縁墓が社会問題として表出されるようになったため。お墓にある先祖の遺骨を「永代供養墓」に移して「改葬」することで、先祖伝来のお墓を撤去することが考えられるようになったのです。

この章では、代々のお墓を閉める「墓じまい」と、遺骨の引っ越しを意味する「改葬」にまつわる疑問について解説していきます。手順や手続き、費用の話から遺骨の扱い、法要の話まで、「墓じまい」と「改葬」を考えるときに直面するであろう疑問点をピックアップしています。お墓の承継問題について頭をかかえている人にとっては、問題解決のための大きなヒントが得られるはずです。

「墓じまい」をする場合にはどんな手順で進めたらいいの？

各手順を早めに進めておくことが「墓じまい」をスムーズに進めるコツ

お墓の承継者問題で悩む人に、新たな道として近年注目されている「墓じまい」。先祖伝来受け継いできたお墓とそこに眠るご先祖の遺骨について、自分の代以降に承継者がいなくても無縁墓になってしまうことなく、供養と管理について安心できる対処法として関心が高まっています。

「墓じまい」は、お墓から遺骨をとり出して墓石を解体し、区画をさら地に戻して墓地の管理者に返還することを指す造語です。ですが、当然とり出した遺骨は、そのまま放置するわけにはいきません。とり出した遺骨をどこに移動するかを考えて対応することまでがセットになるのです。

とり出した遺骨については、「永代供養墓」などの別のお墓に「改葬」するか「散骨」するのが主な選択肢になると思われるので、そこまでを含めた「墓じまい」の手順を見ていきましょう。

さまざまな負担が軽減される「墓じまい」のメリット

「墓じまい」をすることは、お墓の承継者がいないことを悩んでいる人や、子どもや孫にお墓の負担をかけたくないと思っている人にとっては、いくつかのメリットが考えられます。

そのひとつが「承継者がいなくても安心できる」ことです。承継者が自分の代で絶えてしまった場合、死後に自分と先祖を供養してくれる人がいないというのは、大きな不安材料となります。代々伝えられてきたお墓が管理する人もなく荒れ果てて、やがては「無縁墓」になってしまうことを考えると、大きなストレスになってしまう人もいるのではないでしょうか。

ふたつ目のメリットは、「お墓の管理が必要なくなる」ことです。遠方にお墓のある人や高齢で体調に不安のある人にとって、お墓の管理は肉体的にかなり負担と感じる人も少なくないでしょう。階段や坂道の上にあるような墓地であれば、お墓参りをするだけでもひと苦労ではないでしょうか。

3つ目のメリットが、「従来のお墓より費用負担が少なくなる」ことです。「墓じまい」して「永代供養墓」などに「改葬」した場合、費用負担が軽くなるケースはたくさんあります。最初に永代使用料を納めてしまえば、年間管理料やお墓のメンテナンスにかかる費用がかからない墓地も多いので、その後の費用的負担は少なくなります。

家族・親族と事前に相談しておくことが大切なポイント

こうしたメリットも念頭に、「墓じまい」を考える人が最初にしなくてはいけないことは、家族・親族との相談です。

お墓に眠っている先祖たちは、当然親族にとっても縁の深い人たちですから、勝手に「墓じまい」を進めることはトラブルの火種になりかねません。親戚関係にヒビが入ってしまうことも十分に考えられますから、家族・親族への配慮は欠かさないようにしましょう。

なお家族・親族と話し合いをする際には、「墓じま

◆「墓じまい」の主な流れ

●家族・親族への相談
「墓じまい」の理由を共有し、遺骨の引っ越し先について了承を得ておく。
⬅
●新しい納骨先を確保
承継者の有無や立地、費用、将来の供養などの点も考慮したうえで選定・確保する。
⬅
●行政手続き
「改葬」を行うのための書類作成や手続きを行う。
⬅
●墓石の撤去
希望する場合は「閉眼供養」を行い、石材店に頼んで遺骨のとり出しと墓石の撤去工事を行う。
⬅
●新しい納骨先で遺骨を納骨
改葬する場合は、必要なら「開眼供養」などの法要を行って納骨する。あるいは「散骨」する。

い」の理由を共有しておくことも大切です。「承継者がいない」「子どもや孫にお墓の負担をかけたくない」「お墓が遠くて維持・管理が難しいので、家の近くに改葬して手厚く供養したい」など、理由を明確にして理解を得ておくようにしましょう。

遺骨の引っ越し先を考えて墓地の管理者に連絡する

家族・親族の理解を得られたら、次に遺骨の引っ越し先と供養の方法を考えます。承継者がいない場合、引っ越し先として一般的な墓石を用いた承継墓を選ぶのは現実的ではありませんから、承継を前提としない「永代供養墓」（88ページ参照）や「樹木葬墓」（100ページ参照）、「納骨堂」（94ページ参照）を考えることになるでしょう。お墓を建てない「散骨」（114ページ参照）や「自宅供養」（118ページ参照）という方法も含めて、じっくり検討してみましょう。

故人との関係によって「改葬」するものと「散骨」するものを分ける必要もあるかもしれません。

引っ越し先のお墓のスタイルと供養方法が決まったら、現在のお墓が寺院墓地にある場合は、墓地の管理者である住職に相談しましょう。「墓じまい」をしたいことを伝えて、現在の墓地や霊園に遺骨の引っ越し先として考えている「永代供養墓」などがある場合は、移れるかどうかを確認してみるのもいいでしょう。

立地や諸条件を検討して引っ越し先の墓地を確保する

「お寺を替えたい」「お寺とのつきあいがない」「墓地に移動できるお墓の空きがない」などの場合は、遺骨の受け入れ先を探すことになります。最近は宗旨や宗派を問わず受け入れてくれる寺院墓地もたくさんありますから、公営・寺院・民間を含めて検討してみましょう。

立地的に好ましい墓地であっても、霊園によっては募集期間が決まっていたり空いている区画がないといった理由で、すぐには入れないケースも多くあります。「墓じまい」の行政手続きに必要な「受入証明書」は次に入る墓地から発行してもらわなければいけないため、引っ越し先は早めに確保することが必要となります。

行政手続きを進めて工事を担当する石材店を選定する

現在のお墓の管理者に「改葬」の意思を伝えて遺骨の引っ越し先を確保したら、「墓じまい」に必要な行政手続きにとりかかります。手続きについては、134ページをご参照ください。

手続きが終わったら、いよいよ墓石の撤去・解体工事にとりかかります。

民間墓地や寺院墓地の場合は工事を担当する石材店が指定されていることが多いので、管理者に確認してみましょう。

公営の霊園の場合は石材店の指定がないため、自分で石材店を手配します。2~3社から相見積りをとって費用を比べてみることも大切です。

お墓やお仏壇には仏様やご先祖の魂が込められていると考えられているため、「墓じまい」の際にはそうした魂を抜く「閉眼供養」を行うのが一般的です。これまで手を合わせてきたお墓に対して、最後まできちんと向き合いましょう。

寺院墓地の場合、「閉眼供養」をしていないとお墓の処分をしてくれない場合があります。スムーズに「墓じまい」を進めるためには、行っておいたほうがいい法要と言えるかもしれません。

「閉眼供養」は家族の立ち合いがなくても行ってくれる場合もありますし、家族の代わりに石材店が立ち合ってくれることもあります。まずはお寺に相談してみましょう。

引っ越し先の確保や手続きはお墓の撤去工事前に終わらせておく

「閉眼供養」が終わったら、いよいよ遺骨をとり出すことになります。この段階までに遺骨の引っ越し先を確保しておかないと、遺骨が行き場を失ってしまいますから注意が必要です。

また遺骨の引っ越し先のお墓に納骨するためには書類が必要になりますから、行政手続きも確実に終わらせておきましょう。申請者の自筆が求められる書類があったり改葬する遺骨の分だけ枚数が必要な申請書があったりして「墓じまい」の書類手続きには手間ヒマがかかるため、墓石撤去の1カ月以上前から余裕を持って書類の手続きを始めておくことを心がけましょう。

近年では「墓じまい」の増加により手続きを代行してくれる業者も増えています。仕事などで思うように時間をとれない場合は、こうした業者を利用することも検討してみましょう。

遺骨を改葬するために新しいお墓を建てる場合は、お墓に魂を入れる儀式である「開眼供養」を行う場合もあります。また引っ越し先のお墓に納骨する際には、「納骨法要」を行うこともありますから、お寺とよく相談してみましょう。

「散骨」する場合は禁止条例のチェックも忘れずに

遺骨を「散骨」する場合は、「閉眼供養」が終わって遺骨をとり出してから行うことになります。

山への散骨は土地の持ち主の許諾が必要なことに加えて、自治体によっては条例で禁じられている場合もあります。海洋散骨の場合、それぞれの自治体によって独自のガイドラインが制定されていることもあるので注意しましょう。

海洋散骨を行うにあたっては、特に必要な手続き書類はありません。ですが船の手配や参列者への連絡が必要となりますから、やはり余裕をもって準備することが大事です。

ポイントまとめ

トラブル防止のためにも、家族・親族との話し合いから始めることが大切。

引っ越し先や書類の手配は、時間に余裕をもって進めておく。

「改葬」にはどのくらい費用がかかるの？

もともとのお墓と引っ越し先のお墓でそれぞれ費用が発生する「改葬」

お墓の引っ越しである「改葬」には、「もともとのお墓にかかる費用」と「引っ越し先の新しいお墓にかかる費用」が発生します。

「もともとのお墓にかかる費用」は、墓石も含めてお墓ごと引っ越しするのか、骨壺だけを移動させるのかによって変わってきます。骨壺だけを引っ越しをする場合には、移動する骨壺の個数や、骨壺を全部とり出して「墓じまい」までするかどうかによっても金額が上下します。さらには、もともとのお墓と新しいお墓の距離がどれだけ離れているかによってもコストが違ってきます。そうした点を踏まえたうえで、費用の目安を見ていきましょう。

「墓じまい」の費用相場は30万〜90万円

もともとのお墓を「墓じまい」する場合には、お墓を解体して墓石を撤去し、さら地に戻す工事が必要になります。こうした「墓じまい」工事の費用の目安は、30万〜50万円と言われています。

ただしこの数字は、墓石の大きさや数、立地による工事のしやすさなどによっても増減します。だいたい1平方メートルにつき7万〜15万円と言われていますから、この数字を参考に、お墓の面積から費用を割り出してみましょう。

同じ条件であっても石材店によって値段が異なることもあるので、必ず数社で相見積りをとって比べてみることをおすすめします。なお遺骨のとり出しや納骨の代金は、お墓の工事費とは別に発生する場合が多いので注意が必要です。

もともとのお墓で使っていた墓石を新しいお墓でも使う場合には、墓石の運搬代もかかってきます。移動距離によって料金は変動しますし、そもそも運搬をもともとのお墓の工事を担当する石材店が行うのか、引っ越し先のお墓の工事を請け負う石材店が担当するかは決まっていないので、見積りを発注するときに忘れずに確認しましょう。

もともとのお墓にかかる費用としては、石材店に払う工事費以外に、お寺に払う「閉眼供養」の法要のお布施（相場は1万〜5万円）や「離檀料」と言われるお布施があります。「離檀料」は檀家を辞める際に、これまでお墓の供養や管理でお世話になってきたことに対するお礼といった意味合いのものので、規約が無ければ絶対に渡さなければいけないものではありません。用意する場合は、だいたい5万〜20万円が目安です。まれに法外な金額の離檀料を請求されてトラブルに発展した例もありますので注意しましょう。

さらには、改葬許可申請などの行政手続きを行政書士に委託した場合、代行料として5万〜15万円程

度の費用が発生します。

以上を計算すると、もともとのお墓を「墓じまい」した場合、30万~90万円程度の費用がかかることになります。

新しいお墓は区画の広さや納骨数などによって金額が変動する

引っ越し先のお墓にかかる費用は、新しいお墓のタイプによって異なります。区画の広さや納骨する人数などによって金額が変わってきますので、それぞれの事情に照らして試算してみてください。

「墓じまい」の費用相場

解体・撤去工事費	30万~50万円
閉眼供養	1万~5万円
離檀料	5万~20万円
改葬許可申請の代行料	5万~15万円

また、改葬先のお墓が一般的な墓石を使った承継墓なら61ページ、「永代供養墓」なら88ページ、「納骨堂」なら94ページ、「樹木葬墓」なら100ページをご参照ください。

なお、もともとのお墓からとり出した遺骨を新しいお墓に納骨せず自宅に安置して供養したり、「散骨」したりすることで費用を抑えることができます。「自宅供養」については118ページ、「散骨」については114ページをご参照ください。

その他の費用としては、新たにお墓を建てた場合にお墓に魂を入れるための「開眼供養」や手続きに必要な各種許可証の発行費用、自分で運ばない場合は遺骨の運送料などがかかることになります。

ポイントまとめ

「改葬」は、もともとのお墓と引っ越し先のお墓でそれぞれ費用が発生する。

遺骨の数や移動距離によっては運搬費用が加算される。

「墓じまい」にはどんな手続きや書類が必要になるの？

必要な書類をそろえて提出しないと「墓じまい」は終わらない

「墓じまい」をするにあたっては、それまで納められていた遺骨をどこかに引っ越しして供養することになります。

墓埋法の第14条には「墓地の管理者は、第8条の規定による埋葬許可証、改葬許可証又は火葬許可証を受理した後でなければ、埋葬又は焼骨の埋蔵をさせてはならない。」という規定があり、とり出した遺骨を引っ越し先のお墓に納めて「改葬」する際には、段階ごとに必要な書類を提出して行政手続きを行うことが必要となります。

それぞれの書類がそろわないと、「墓じまい」は終わらないのです。

遺骨の引っ越し先から「受入許可証」を入手することが行政手続きの第一歩

「散骨」や「自宅供養」をしないのであれば、今あるお墓から遺骨をとり出して新しい引っ越し先のお墓に納めることが「墓じまい」のゴールとなります。

そのためには、引っ越し先の墓地の管理人に「改葬許可証」を提出することが必要となるのですが、それまでの手続きや必要書類について、順を追ってみていきましょう。

「墓じまい」について家族や親族の理解を得て、お墓のある墓地の管理者にも了承を得たら、引っ越し先のお墓を確保します。新しい遺骨の納骨先を確保できたら、新しいお墓のある墓地の管理者から「受入許可証」を発行してもらいましょう。この「受入許可証」を手に入れることが、行政手続きの第一歩です。

「受入許可証」は遺骨の引っ越し先となる新しい墓地に納骨先を確保してあることを証明するもので、引っ越し先の墓地の管理者に発行してもらう書類になります。もとのお墓からとり出された遺骨がきちんとした墓地に納骨されることを証明するもので、役所が最終的な「改葬許可証」を出すために必要な書類となります。

なお自治体によっては、墓地契約書の写しなどでも「受入許可証」の代わりの確認資料として受理してくれる場合があるようです。対応については、書類に書き込む項目や書式と同様に市区町村によって違いがありますので、役所の担当部署に確認してみましょう。

自治体のホームページから入手可能な「改葬許可申請書」

次に必要になるのは、「改葬許可申請書」です。「改葬許可申請書」は、市区町村の役所で手に入れることができるほか、ホームページからダウンロードできる自治体もあるので確認してみましょう。

「改葬許可申請書」には、故人の情報や改葬理由、申請者との関係などを書くことになります。自治体によって項目や書式が異なるため、事前にしっかりチェックしておきましょう。

なお「改葬許可証申請書」は、遺骨1体につき1枚が必要となります。遺骨が複数ある場合はその数だけ必要になりますので注意が必要です。

遺骨がお墓に納められていたことを証明する「埋蔵証明」

次に必要な「埋蔵証明」は、遺骨が確かにそのお墓に納骨されていたものであることを証明するものです。もともとのお墓のある墓地や霊園の管理者に証明してもらうもので、多くは改葬許可申請書の一部に埋蔵証明欄があります。

また墓地の使用者と「改葬」を行う人が違う場合には、「改葬承諾書」が必要になります。墓地の使用者の名義が父で、息子が「改葬」の手配をする場合などに必要となる書類です。この書類も、もともとのお墓がある墓地の管理者から発行してもらう書類になります。

申請から交付までに時間が必要な「改葬許可証」

入手した「受入許可証」と「埋蔵証明」を、もともとのお墓がある墓地や霊園のある自治体に「改葬許可申請書」と一緒に提出することで、「改葬許可証」を発行してもらうことができます。

自治体によっては郵送でも手続きが可能な場合もあります。ただしこの場合は、「改葬許可証」の送料分の切手や発行手数料を定額小為替で用意して同封するなどの手間がかかります。大切な書類が郵送事故などで紛失する可能性もあるため、書留などを利用する場合は別途その分の費用がかかります。

なお「改葬許可証」の交付には、書類を提出してから営業日で3日～1週間程度の時間がかかります。「改葬許可証」がないと、遺骨を新しいお墓に納骨できないため、石材店に納骨を依頼するスケジュールは余裕をもって決めましょう。

場合によっては遺骨をとり出す段階で「改葬許可証」の確認を求められる場合もありますので、早めの手続きを心がけることが大切です。

「改葬許可証」が交付されたら、それを新しく入る

「改葬」を行うための行政手続きに必要な書類一覧

書類名	入手場所	記載項目	費用
改葬許可申請書	• お墓のある市区町村の役所 • 役所のホームページでのダウンロード	• 遺骨の本籍 / 住所 / 氏名 / 性別 • 申請者と遺骨の続柄および墓地使用者との関係 • 死亡年月日 • 埋葬または火葬の年月日 • 改葬の理由 • 改葬先の場所	無料〜500円程度
受入許可証	• 改葬先の墓地や霊園の管理事務所 • 管理会社のホームページでのダウンロード	• 申請者の住所 / 氏名と捺印 / 電話番号 • 遺骨の氏名 / 死亡者との続柄 / 住所 • 改葬元の住所	無料〜1500円程度
埋蔵証明(改葬許可申請書に当該欄あり)	• 民間霊園：運営会社の管理事務所 • 公営墓地：自治体 • 寺院墓地：お墓のある菩提寺の住職	• 遺族の墓地使用者の住所 / 氏名と捺印 • 現在お墓のある菩提寺や管理事務所、自治体の署名と捺印 • 遺骨の氏名 • 埋葬証明書の発行年月日 • 改葬の理由 / 改葬先の場所	無料〜1500円程度
改葬承諾書(必要な人のみ)	• お墓のある市区町村の役所 • 役所のホームページでのダウンロード	• 墓地使用者の住所 / 氏名と捺印 • 改装者の住所 / 氏名 / 墓地使用者との関係	無料
改葬許可証	• お墓のある市区町村の役所	• 発行にあたっては、「受入許可証」「改葬許可申請書」「埋葬証明書」が必要になります。 • 条件に当てはまる人の場合は「改葬承諾書」も必要になります。	無料〜300円程度

※市区町村により項目・様式などは異なるため、事前にチェックが必要です。

霊園や墓地の管理者に提出し、受理されれば行政手続きは終了となります。

無許可で「改葬」を行うと罰金や懲役の可能性も！

遺骨を引っ越しする際に「改葬許可証」が必要なことは墓埋法第5条で規定されており、無許可で「改葬」を行えば「10000円以下の罰金または拘留もしくは科料」と決められています。

また刑法第191条では遺骨を遺棄・損壊した場合は3カ月〜5年以下の懲役と決められています。無許可の改葬は、この法律に抵触する可能性もありますので注意が必要です。

ポイントまとめ

「改葬許可証」の発行には時間がかかるため、早めの手続きを心がける。

「墓じまい」に猛反対する親族への対処法を教えて！

承継者以外はお墓の問題について普段は考えていないことが多い

近年、頻繁に耳にするようになった「墓じまい」。「お墓が遠い」「受け継ぐ子どもがない」「子どもにお墓の負担をかけたくない」など、さまざまな理由からお墓を整理する「墓じまい」を考える人が増えています。承継者不足により放置されて「無縁墓」になってしまうお墓が増えていることもあり、「墓じまい」に補助金や助成金を出す自治体もあります。

ですが、いざ「墓じまい」をしようとしたら親族から思わぬ反対にあったという人も多いようです。

本来であればお墓を含む祭祀財産は、承継者がまとめて受け継ぎ、祭祀財産に対するすべての決定権を持ちます。先祖伝来のお墓を閉めることを決めることは、承継者の独断で行えるのです。しかし、そうはいってもお墓で眠っているのは親族にとっても血縁者ですから、「お墓を処分する」という話になれば意見を言いたくなる人もいるでしょう。

お墓に対する気持ちのすれ違いが親族間のトラブルに発展する

親族が「墓じまい」に反対する理由はさまざまですが、その主なものとして「突然『墓じまい』を告げられた」「『墓じまい』の費用負担をしたくない」「代々のお墓が途切れてしまうのは先祖に申し訳ない」などが考えられます。ですがこれらの反対理由は、どれも「事前になんの相談もなく」という枕詞がつくことがほとんどです。

現代においては生まれた土地で一生暮らさなければいけない時代ではなく、家の財産も長男が単独で受け継ぐことはありません。ところがお墓を含めた祭祀財産については、承継者が単独ですべてを引き継ぐため、承継者以外はお墓の問題について日ごろはあまり考えていないことがほとんどです。そんなところに突然「『墓じまい』する」と言われれば驚きもしますし、普段は考えていなかったお墓についての思いが湧きおこるのも無理はありません。

いっぽうの承継者にとっては、「自分にばかり押しつけて……」といったモヤモヤがあるでしょう。こうした気持ちのすれ違いが、意見の衝突やトラブルに発展する原因になるのです。

そこで重要なキーワードが、「事前の相談」です。この本でも何度も説明していますが、お墓の問題は「親族や先祖に対する気持ち」というデリケートな点を含んだ問題です。中でも「墓じまい」の話題は、高齢者の中には概念自体が理解できない人もいるかもしれません。

「墓じまい」を円満に進めるためには、そうした親族の理解と協力が欠かせません。事前に相談して意見を聞き、丁寧に説明して納得してもらうことが必要となるので、時間をかけて粘り強く取り組むことが大切です。

ポイントまとめ

「墓じまい」をスムーズに進めるためには、親族の理解と協力が欠かせない。

「事前の相談」がトラブル防止のための重要なキーワード。

今のお墓の墓石は改葬先のお墓でも使える？

墓石を移転先のお墓で使うことは非常にハードルが高い

「先祖伝来使ってきたので愛着がある」「墓石代を節約したい」「デザインを考える手間が省ける」などの理由から、お墓を引っ越しするにあたってそれまで使っていた墓石をそのまま使いたいと考える人もいるでしょう。ですがこのアイデアを実現するためには、かなり高いハードルを越えなければいけません。「改葬」する際に墓石をそのまま移転する場合に問題になるポイントについてまとめましたのでみていきましょう。

墓石をそのまま使うのではなく別の形に加工することも検討を

最初に注意しなくてはいけないのは、墓石の持ち込みを受け入れている霊園が少ないという点です。公営墓地では持ち込めるところも多いですが、寺院墓地や民間霊園では指定業者に発注しなくてはいけないことがほとんどです。そのため、多くの墓地では墓石の持ち込みが制限されています。

石材店が指定されている場合、墓石の運搬でも問

題が生じる可能性があります。墓石ごと引っ越しする場合には、もともとのお墓の解体・撤去工事から墓石の運搬、引っ越し先のお墓への設置までを同じ石材店にしてもらうことができれば、作業はスムーズに進みます。しかし、もともとのお墓も新しいお墓も石材店の指定がある場合、それぞれの業者にお願いしなくてはなりません。そうなると手間も予算も余計にかかる可能性があるのです。

また墓石の持ち込みができる霊園だったとしても、次に墓石のサイズが問題になります。墓石はお墓の区画の大きさや広さに合わせて作られているため、引っ越し先のお墓の区画とサイズが合わないという問題があるのです。特に地方から都市部の墓地へ引っ越しする場合、区画の大きさが合わないことが多く、そのままのサイズでは墓石を使えないことがほとんどです。

さらには、墓石を運搬する移動距離の問題もあります。移動距離が遠ければ遠いほど運送料は高くなりますし、運送途中で墓石が傷ついてしまうことも考えられます。特に古い墓石の場合、内部にヒビ割れがあれば運搬中に割れてしまうこともありえます。予算をかけて運んでも、使えなくなってしまう可能性があるのです。

サイズや予算の問題を考えると、墓石を運搬してそのまま使用することは、あまり現実的とはいえないかもしれません。

先祖代々使ってきた墓石をどうにかして残したいと思う場合は、そのまま使用するのではなく、加工して別の石造物を作ったり、砂利や路盤材などにリサイクルしたりすることを考えたほうがいいかもしれません。

ポイントまとめ

墓石の移転は墓地による制約や区画のサイズよる制限を受ける場合がある。

運搬途中で墓石が傷ついたり割れたりする可能性も考えられる。

お墓から遺骨をとり出すにはどんな許可が必要ですか？

遺骨は祭祀財産の一部であり、所有権は祭祀主宰者に帰属する

物を自由に使ったり処分したりできる権利を「所有権」といいます。どんな物にも認められていることの「所有権」ですが、実は「遺骨」の所有権については、民法には明確な規定がありません。

そのため「遺骨」は実体のある「物」でありながら、故人の預貯金や不動産のように相続の対象にはならないと考えられています。遺骨を単純に「遺産の一部」と考えることはできないのです。

1989年（平成元年）7月18日に最高裁が遺骨の所有権をめぐる裁判に対して出した判例では、遺骨は祭祀主宰者に帰属するとされています。この判例にしたがって、現在では「遺骨」はお墓や位牌などと同じ祭祀財産の一部であり、所有権は祭祀主宰者にあると考えられています。

そのためお墓から遺骨をとり出す場合には、まず祭祀主宰者であるお墓の承継者に許可を得なくてはなりません。

お墓の承継者の許可を得ることなく勝手にお墓から遺骨をとり出した場合、墳墓発掘死体損壊等罪として3カ月以上5年以下の懲役が科せられる場合が

あるので注意が必要です。

安全を考慮して、遺骨のとり出し作業は石材店に依頼をする

お墓に納められた遺骨をとり出す際には、必ず石材店に依頼しましょう。

お墓から遺骨をとり出す際には、カロート（納骨スペース）の入口をふさいでいる30～40キロほどもある石をどかさなくてはいけません。成人男性であれば動かせないほどの重さではありませんが、作業でケガをすることも考えられます。出張費として1万円程度の費用はかかりますが、作業に慣れている石材店に依頼するほうが安心です。

お寺とのトラブルを防ぐためにも、これまでの供養に対する感謝は忘れずに

「墓じまい」をする際に、墓地を管理するお寺の住職とトラブルになり、法外な離檀料を請求されたり遺骨のとり出しを禁止されたりするという話を聞くことがあります。本来であれば、お寺は納骨場所を提供して供養を行う立場です。遺骨に関する権利は持っていないので、お墓の承継者が許可した遺骨のとり出しを阻むことはできません。

ですが、ここで遺骨の所有権をふりかざせばトラブルが大きくなってしまいます。お寺には「埋蔵証明」などの書類を発行してもらわなくては「改葬」が進められませんから、これまでのお世話や供養に対する感謝の念を忘れず、納得してもらえるまで根気よく説得することを心がけましょう。

ポイントまとめ

最高裁の判例により、遺骨の所有権はお墓の承継者が持つとされている。

承継者の許可なく遺骨をとり出すと、犯罪者として懲役刑が科せられることも。

お墓からとり出した遺骨はどう扱えばいいでしょう？

遺骨を勝手に捨てたり埋めたりすると犯罪に問われるので注意が必要

「墓じまい」や「改葬」のためにお墓から先祖の遺骨をとり出したあと、新しいお墓に納骨するまでに日数がある場合、遺骨をどう扱ったらいいでしょうか。日ごろお目にかかることのないものでありながら、適当に扱うわけにはいかないものですから、困惑する人も多いでしょう。

遺骨の取り扱いについては法律でも決まりがあり、勝手に遺棄したり墓地以外の場所に埋めたりすることは墓埋法第4条などで禁止されています。これに違反すると、死体損壊・遺棄罪に問われることがありますから注意が必要です。

遺骨を自宅に置く場合、安置する場所に決まりはない

そんな遺骨の扱いについてですが、自宅に一時的に安置するケースが多いようです。自宅に遺骨を置くことを禁止する法律はないので、法律違反となる心配はありません。荼毘に付した遺骨をお墓に納めることなく、ずっと「自宅供養」している人もいま

す（「自宅供養」については、118ページもご参照ください）。

中には「うちには仏間や仏壇がないから……」と心配する人もいるかもしれませんが、遺骨は仏壇に置かなくてはいけないという決まりはありません。最近は最初から遺骨を置くことを想定して設計された仏壇も販売されていますが、そもそも仏壇は信仰の対象である本尊を祀るものなのです。遺骨を安置する場所は、寝室でもリビングでも、どこでもいいのです。

ただし、高温多湿の場所は避けたほうがいいかもしれません。湿気の多い場所に置いておくと、遺骨にカビが生える場合があるのです。

骨壺のフタは密閉されているわけではないので、隙間から菌が侵入して遺骨につき、繁殖することがあるので注意が必要です。できれば直射日光の当たらない風通しのいいところに保管するように心がけましょう。

また、外気温との温度差によって骨壺の中で結露が生じることがあります。久しぶりにフタを開けたら、中に水分がたまっていたという場合もありますから、湿気の多い水回りの近くに置くことは避けたほうがいいでしょう。

遺骨を新しいお墓に納骨する際に必要な「改葬許可証」には、いつまでに「納骨」しなくてはいけないという期限はありません。遺骨を自宅に安置して供養することが気に入れば、納得するまで自宅に置いておくことも可能です。

なお、なんらかの理由で遺骨を自宅に置けないという場合は、引っ越し先のお墓の管理者に相談してみましょう。墓地を管理するお寺が、一時的に保管してくれる場合もあります。

ポイントまとめ

骨壺を家に保管する場合、安置場所は仏壇や仏間でなくても大丈夫。

カビ防止のため、湿気を避けて保管する。

先祖の土葬の遺骨って「改葬」できるの？

現在の日本の火葬率は99・9％だが、戦前は約半数が土葬されていた

現在の日本のお葬式では、遺体は荼毘に付したあと、遺骨と遺灰を骨壺に納めてお墓に納骨するのが一般的です。

ですがこの遺体を火葬する習慣は太平洋戦争終結後に普及したもので、現在でこそ日本では死亡した人のほぼ100％が火葬されていますが、戦前では荼毘に付されるのは約半数に過ぎなかったと言われています。そのため、先祖伝来受け継がれてきたお墓を開けると、土葬された遺骨が出てくる場合があります。

明治時代までは土葬が中心で、火葬の割合は1割程度だったとも言われていますから、土葬の遺骨が出てくること自体は決して珍しいことではありません。ですがこの「土葬の遺骨」は、そのまま「改葬」することができない場合がほとんどです。

法律で認められている土葬がほとんど行われていない理由とは？

墓埋法では第2条に「この法律で『埋葬』とは、

死体（妊娠四箇月以上の死胎を含む。以下同じ。）を土中に葬ることをいう。」と明記しており、土葬を行うことを認めています。それなのに、なぜ火葬する例が圧倒的多数を占めているのでしょうか。

その要因のひとつに、土葬できる墓地がほとんどないことがあります。土葬については、まず自治体が条例で禁止している地域があります。東京都の条例では、「墓地の経営者は、土葬禁止地域においては、焼骨のほかは埋蔵させてはならない。」と規定されています。また禁止地域ではない場所であっても、2メートル以上の深さまで掘らなければいけないなどの取り決めがある場合がほとんどです。そのため、多くの墓地や霊園では、土葬を受け付けていないのです。

土葬の遺骨を「改葬」する際には改めて火葬することが求められる

ではお墓から土葬の遺骨が出てきた場合は、どうしたらよいでしょうか。最初にしなくてはいけないのは、引っ越し先の墓地が土葬を受け付けているかどうかの確認です。墓地によっては「必ず火葬してから納骨する」と取り決められていたり、遺骨を受け入れる際に「火葬許可証」の提示を求めたりするところもあるので注意が必要です。

焼骨しか受け入れをしていない墓地の場合、納骨前に土葬の遺骨を荼毘に付すことが求められますが、火葬場に遺骨を持ち込む際には遺骨についた土などをきれいに洗浄して乾燥させることが必要になります。洗骨はデリケートな作業であり、知識や経験が求められることもあるので、専門の業者に依頼したほうがいいでしょう。

ポイントまとめ

日本の火葬率は現在99・9％。受け入れている墓地がほぼないため、土葬の遺骨は火葬しなおす必要がある。

世界一の火葬率の日本と海外の火葬事情

日本ではほぼ見かけませんが、世界では土葬も数多く行われています。信仰する宗教が影響を与える火葬と土葬の関係についてみていきましょう。

厚生労働省の発表によれば、日本の火葬率は1925年（大正14年）では43・2%でしたが、1950年（昭和25年）には54・0%、1980年（昭和55年）では91・1%と推移してきました。

2020年（令和2年）では、全国の死者数が143万2333人であったのに対して、火葬されずに埋葬されたのはわずかに393件のみで、火葬率は99・9%となっています。

そんな日本に対して、諸外国では思った以上に土葬が行われています。これには信仰する宗教も大きく影響していると思われます。キリスト教では死後の復活が信じられており、火葬で体がなくなると復活できないというイメージがあるため火葬率が高くないと言われています。これは特にカトリックに見られる傾向で、カトリックの多いフランスの火葬率は4割程度、イタリアでは30%程度、逆にプロテスタントの比率が高いイギリスの火葬率は約8割と言われています（調査：2021年イギリス火葬協会）。

聖典コーランで「死後の復活」が約束されているイスラム教徒にとっては、火葬は禁忌とすらされており、ユダヤ教徒も土葬を重視しています。

アジア圏は欧米より火葬率が高い傾向にあります。中でも中国は政府が火葬を強力に推進しており、火葬率は7割前後にのぼります。

「墓じまい」関連のトラブルにはどんなものがありますか？

「墓じまい」関連のトラブルは事前の準備で避けられるものがほとんど

「墓じまい」をする人が増えるのに比例して、トラブルの事例も数多く報告されています。こうしたトラブルは、事前に注意することで避けることができる場合がほとんどなので、きちんと準備しておくことが大切です。

「墓じまい」にまつわるトラブルの多くは、「親族」「寺院」「石材店」との間で起きています。それぞれの場合について、トラブルが起きる原因と解決法を見ていきましょう。

気持ちのすれ違いが親族間のトラブルを生む

親族間でのトラブルについては、「事前の相談」をしなかったことに起因する場合がほとんどです。

そもそも故人や先祖のお墓参りをすることは、誰もが持つ権利です。ところが「墓じまい」は、親族一同からこの権利を奪ってしまうことになります。そうした点を考えずに勝手に「墓じまい」を進めてしまうと、親族との気持ちのすれ違いによって大きなトラブルに発展する可能性があります。

本書でもこれまで何度も注意喚起していますが、「墓じまい」はすべての親族にかかわる問題ですから、事前に相談して話し合い、全員が納得した形で行うことが重要です。その点さえ押さえておけば、親族とのトラブルのほとんどは避けることができるのです。

寺院とのトラブルでは法外な「離檀料」を請求されることも

寺院とのトラブルについては、ほとんどの場合が「離檀」をめぐって起こります。

「離檀」とは、それまでお世話になった寺院からお墓を撤去して檀家を離れることをいう言葉です。「墓じまい」をして納骨されていた先祖の遺骨を引っ越しすることは、まさにこの「離檀」に当たります。

「お寺に『墓じまい』することを告げたら、高額な離檀料を請求された」「寺院に相談せずに『墓じまい』しようとしたら、工事を拒否された」などといったお寺とのトラブルを耳にしたことのある人もいるかもしれません。

お寺からの無理難題やいやがらせにも聞こえますが、こうしたトラブルの裏にはお寺にとっても切実な問題が含まれています。

お寺を預かる住職にとっては、お寺やお墓の維持・管理をするためには檀家の協力が欠かせません。檀家による金銭面を含めた協力がなくては、お寺は成り立たないのです。

こうした経済的な理由に加えて、これまで先祖伝来供養を行ってきたにもかかわらず、なんの相談もなく突然「『墓じまい』する」と言われれば、驚きもするでしょうし、少し腹立たしい思いをしても不思議ではありません。住職といえど人間ですから、話をこじらせずに「墓じまい」を進めてもらうためには、誠意をもって接することが大切です。

今までお世話になったことへの感謝の気持ちや、

「墓じまい」を決意するにいたった事情などを丁寧に伝えて納得してもらうことが、トラブルを回避するための大事なポイントになります。

なお「墓じまい」をするにあたっては、「離檀料」を渡すことが一般的です。「離檀料」は支払う義務のあるものではありませんが、これまでのお世話に対する感謝とお礼の意味を含めて納める人が多くなっています。

「離檀料」の相場は「法事3回分が目安」と言われることがあります。法事のお布施自体がお寺とのつきあいなど、さまざまな要因で一概には言えませんが、「離檀料」はだいたい5万～20万円程度が費用相場となっているようです。

お墓を撤去する際には「閉眼供養」を行うことが多いですが、お寺の中にはそのお布施をもって「離檀料」とするところもあります。お寺によって「離檀料」に対する考え方には違いがあるので、きちんとコミュニケーションをとって相談してみることをおすすめします。

お墓の解体撤去工事費が原因の石材店とのトラブル

「墓じまい」をするにあたっては、石材店に墓石の解体撤去工事を依頼しなくてはいけません。この工事の段階で、石材店とのトラブルが発生することがあります。

お墓の解体撤去工事については、墓石の大きさや重機が入れる場所なのかといった条件によって費用が大きく変動します。またこの工事費用については決まった相場がないため、工事後に予想を超えた高額な請求書が届く可能性があるのです。

こうしたトラブルを防ぐためには、可能であれば事前に複数の石材店から見積りをとって比較検討することをおすすめします。墓地によっては指定の石材店が決まっている場合がありますが、その場合でも価格を交渉するためには他店の見積金額を知っておくことが役に立つかもしれません。

なお墓石の工事は作業方法によっても変わってきますが、1平方メートルあたり8万～15万円が相場と言われていますので、参考にしてみてください。

ポイントまとめ

「墓じまい」をめぐるトラブルのほとんどはコミュニケーション不足に起因する。

感謝の気持ちと誠意をもって話し合うことがトラブル防止の第一歩。

「墓じまい」する際の法要にはどんなものがあるの？

「墓じまい」をする際には「閉眼供養」を行うことが一般的

「墓じまい」をするにあたっては、「閉眼供養」の法要が営まれます。「閉眼供養」は「魂抜き」とも呼ばれる法要で、これまでお参りしてきたお墓や仏壇、位牌などを処分する際に仏様やご先祖様の魂を抜くための儀式です。

「閉眼供養」を行うことは義務ではありませんが、ほとんどの「墓じまい」で行われています。中にはこの「閉眼供養」を行うことを墓石の解体撤去作業の条件にする石材店もあるので、工事を依頼する際には忘れずに確認してみましょう。

「閉眼供養」のお布施の相場は、依頼するお寺によって多少幅があります。地域やお寺によっても差がありますが、日ごろつきあいのあるお寺に依頼する場合は3万〜10万円が相場と言われています。

近年ではお寺とつきあいがないと言う人も増えていますが、そうした人もインターネットを通じて法要の手配をすることが可能です。インターネットでお坊さんを手配する場合、お布施は3万〜5万円が相場と言われています。手配するサイトによって金額が決まっている場合が多いようです。

これ以外にもお坊さんにお墓に来てもらった際に渡す「お車代」、法要後の会食にお坊さんが参加しなかった場合にお渡しする「御膳料」などが必要になります。ただし「閉眼供養」の場合は、法要後に会食を開くことは少ない傾向にあります。

魂を入れて単なる石を「お墓」に変える「開眼供養」

「閉眼供養」を行って納められていた遺骨をとり出した後、新しいお墓を用意して「改葬」する場合には、「開眼供養」の法要を行います。

「開眼供養」は、もともとは仏像を作る際に最後に目を描くことを儀式化したもので、これを行ってはじめて仏像に霊験が宿るとされています。

お墓から魂を抜く「閉眼供養」に対して、「開眼供養」は新しいお墓に魂を入れる儀式で、「入魂式」「御魂入れ」「お墓開き」などとも呼ばれています。お坊さんをお招きしてお経をあげてもらうことで、単なる石である墓石がお参りの対象となる「お墓」になるのです。

なお「開眼法要」のお布施は、3万~5万円が相場だと言われています。

もちろん「開眼供養」も義務ではありません。「改葬許可証」があれば、法要をしなくても法律的にはなんの問題もなく納骨することができます。

費用や手間を省くために法要をしないという選択肢を選ぶことも可能ですが、あとになって親族から苦情を言われたりすることも考えられます。法要の有無は、家族や親族とよく話し合ってから決めることをおすすめします。

ポイントまとめ

「墓じまい」では、お墓から魂を抜く「閉眼供養」が行われる。

「改葬」する時には、お墓に魂を入れる「開眼供養」を行うのが一般的。

第5章

ケーススタディ

お墓にまつわる疑問やトラブルと解決策を
具体的な事例をもとに徹底解説！
お墓のトラブル回避のヒントが満載です!!

個別の事例を参考に、トラブル対策を徹底解説！

これまで本書で紹介してきたように、お墓にまつわる状況は大きく変化しています。１９８９年（平成元年）に新潟県の妙光寺が「生前に自分の入るお墓を契約する」というスタイルを導入して以来30年以上の間、お墓のあり方は変化を続けており、それぞれのライフスタイルにあった形が選べるようになってきています。近年では「墓じまい」という言葉がテレビのＣＭから聞こえてくるほど身近になりました。

ですが、お墓を手に入れる機会が訪れるのは人生で一度きりという人がほとんどであることは変わりません。お墓を何度も契約したことのある経験豊富な人は、まずいないのです。

お墓を承継するにしろ自分で新しく契約するにしろ、経験のないことに直面すれば不安を感じるのは無理もない話です。しかも、承継すれば維持して子どもや孫の代に伝えていくプレッシャーがあり、新しく購入するとなれば決して安くはない金額がかかります。そうした状況でのトラブルは、誰もが避けたいものです。

そこで本章では、〝先輩〟たちの体験したトラブルを参考に、解決策や対策を解説していきます。ケーススタディすることで、さまざまなトラブルに対する心構えを身につけていきましょう。

ケーススタディ

ここからはお墓にまつわる個別のケースを紹介します。お墓の問題は家庭ごとに違いますが、さまざまなケースを知って、自分の悩みを解決するヒントを見つけてください。

ケース 1

Nさんのお悩み

先祖伝来のお墓があるのは遠く離れた故郷。実家のお墓をどう管理していけばいいの？

故郷の岡山を出て東京で暮らし始めてから30年が経ちます。お寺とのつきあいを含めた実家のお墓の管理は私がしていますが、今後どうするか悩んでいます。「墓じまい」までは考えていませんが、子どもに継がせるのも酷だと思っています。どうするのがいいのでしょうか？

回答 1

「家の近所に改葬する」「墓参り代行、オンライン法要などを利用して墓守を続ける」などの方法があります

進学や結婚で故郷を離れ、父母が亡くなった後のお墓をどうしようかと悩んでいる人も多いと思います。故郷が遠方の場合、お彼岸やお盆のお墓参りもままならず、やむなく「墓じまい」を決断する人も増えているようです。ですがNさんの場合は「『墓じまい』は考えていない」ということなので、先祖伝来のお墓を残したいと考えているのでしょう。この場合、Nさんのとれる選択肢はふたつ考えられます。

ひとつは、故郷のお墓を現在住んでいる家の近辺に「改葬」する方法です。これなら空いた時間に気軽にお墓に出かけられるようになりますから、掃除などの日ごろの管理もしやすくなります。お盆やお彼岸、命日などにこまめにお墓参りをすることもできるようになります。Nさんの自宅とお墓との物理的な距離を縮めることで、お墓の管理に関する問題のほとんどを解決することができるでしょう。

ただし、長い間お世話になったお寺から離檀しなければいけなくなりますし、先祖の遺骨を「改葬」するための新しいお墓の手配にかかる費用の問題など、考えなくてはならない事柄も少なくありません。岡山から東京近郊への「改葬」となると、遺骨の搬送費用もそれなりにかかることになるでしょう。「墓じまい」に関してお寺や親族とトラブルにならないように、事前にしっかり準備する必要があります。

ふたつ目の方法は、墓地の掃除やメンテナンスなどを第三者に委託する方法です。寺院や墓地には「年間管理料」を納めていますが、これは共有部分の維持・管理に対しての費用であり、個別の区画に対する清掃やメンテナンスは行っていません。墓守は自分たちでするしかないのですが、年に一度、あるいは数年に一度しかお墓参りできない環境で、自分でこまめにお墓をケアすることが難しいという人の場合には、お墓参り代行サービスを利用するのもひとつの方法です。

お墓参り代行サービスは、ただお墓参りするだけでなく、墓掃除やお花の交換などさまざまなサービスを提供しています。墓石の破損個所やはげかけた文字色の補修を行ってくれる業者までいるので、必要なサービスに合わせて調べてみましょう。サービスの内容によって費用には差がありますが、5000~5万円が費用相場と言われています。中には、ふるさと納税の返礼品としてお墓参り代行サービスが選べる市町村もあります。

また最近では、法要をオンラインで行ってくれる寺院もあります。電話やＬＩＮＥ、ＺＯＯＭなどのビデオツールを利用して僧侶が遠隔地から葬儀・法要などでの読経を行ってくれるサービスで、個別の法要だけではなく、春秋の彼岸会やお盆の盂蘭盆会(うらぼんえ)などの法要もオンラインで参加することができます。

ケース 2

Yさんのお悩み

両親が高齢で自分がお寺とつきあいをしなくてはいけなくなりました。どうつきあったらいいですか？

お寺のある菩提寺から霊場巡りの旅行のお誘いがありました。行く気はないのですが、先祖伝来の檀家としてつきあってきたので、断るのに気がひけています。親が高齢で、今後は自分がお寺とのつきあいをしなければならないのですが、ほどよいつきあい方ってありますか？

回答 2

年間管理料を払って最低限のおつきあいにするか、より積極的に関わるかは、各自の気持ち次第

近年、「これまでは代々檀家として寺とおつきあいをしてきたけれど、自分の代になって親のようにできるか不安だ」「檀家のつとめとしてどんなことをしなくてはならないのかわからない」といった声を聞くことが多くなりました。

Yさんの家のように寺院墓地にお墓がある場合は、そのほとんどがそのお寺の檀家です。またお墓が公営墓地や民間霊園にある場合でも、信徒として寺院とおつきあいが続いているのであれば、親が元気なうちにお盆や法要などのスケジュール、お布施の金額など、お寺が関係する基本的な事柄についてよく聞いておくことが大切です。そのうえでどの程度お寺とつきあっていくかは、Yさ

んの信仰心によって変わってきます。寺院は故人の供養の場というだけでなく仏教の教えを説くところでもありますから、その教えに共感できるのであれば、お盆などの決まった行事以外にも、寺が主催する行事に積極的に参加してみるのもいいでしょう。

最近では檀家や周辺の住民と積極的にコミュニケーションをとることを重視しているお寺も多く、供養会といった寺本来の行事以外にも、座禅会や写経などの行事を開催するところが増えています。中にはYさんの菩提寺のように、檀家や周辺の住民を誘って観音霊場巡りなどの旅行を計画したり、子供向けに遠足や提灯作り体験を行っていたりするところもあります。

年間の管理料を払って最低限のおつきあいにとどめるか、より積極的にお寺とのコミュニケーションをとるかは、それぞれの気持ち次第です。

ケース 3

Hさんのお悩み

父が急逝してお墓を建てることになったのですが、お墓にかかる税金にはどんなものがありますか？

父が事故で亡くなり、突然お墓を建てることになりました。墓地は手ごろな価格のところが見つかり、お墓を建てるための費用は石材店と相談しながら進めているのですが、それ以外に税金など、どんなものがあるでしょうか？

回答 3

「墓石代」「工事費」「年間管理料」には消費税がかかるが、それ以外はほぼ無税

お墓を建てるためには、墓地の「永代使用料」と墓石の費用、お墓が建った後には墓地に管理費を払うことが必要となります。ここまでは本書でも解説してきましたが、それ以外に税金など、どんな費用が必要なのかが気になる人も多いかもしれません。

お墓を建立する際には、墓石代や工事費に消費税が発生しますが、なかには意外なことに発生しないものもあります。たとえば前述の「永代使用料」には、税金がかからないのです。これは、お寺や霊園は墓地を非営利目的で「貸付」しているためで、法人税法では非課税扱いとなるためです。

このほかにも、利用者はお墓の使用権を借り受けているだけであるため、墓地の「永代使用料」

には固定資産税や都市計画税などもかかりません。

またお墓を承継する際に、相続税が発生しません。お墓や仏壇などの「祭祀財産」は非課税であると相続税に規定されているのです。

貯金や不動産などの財産を生前贈与すると、相続税の代わりに贈与税が発生します。それと同様に墓地の使用者が生前に名義費変更を行うと贈与税の対象となります。ですが、墓地と墓石の評価額が基礎控除額の110万円を超えることはほとんどないため、実質課税額はゼロとなります。

新しく墓地を建てる場合には、「墓石代」「工事費」「年間管理料」には消費税が発生しますが、それ以外は税金がかかりません。

ただし、純金製の仏壇や常識外れに高価なお墓などは、税金対策と税務署に判断されて相続税などがかけられる場合があります。

また、ペットのお墓は人間のお墓とは扱いが異なります。人間であれば火葬代や墓地代に消費税はかかりませんが、ペットの場合はさまざまな点で消費税などが発生するので注意が必要です。

ケース 4

Tさんのお悩み

両親のようにお寺とつきあう気がありません。檀家をやめることはできますか？

他界した両親は菩提寺といい関係を築いていました。昨年お寺のご長男が住職を継いだのですが、それ以降頻繁にお布施のお願いがくるようになりました。親のようにお寺とつきあう気はまったくないのですが、檀家をやめることはできるのでしょうか？

回答 4

両親と同じようにと考えず、お寺とはできる範囲でおつきあいをすればOK

最近、両親の他界などを機に「檀家を離れたい」と言う声をよく聞くようになりました。そもそも檀家制度自体をよく知らないと言う人も増えていますし、若い世代にとっては、費用も時間もとられるお寺との関係が煩わしく感じられるのかもしれません。ご質問者のTさんも、おそらく同じような理由でお寺から離れたいと考えているのではないでしょうか。

「檀家を抜けられるか？」というご質問ですが、結論から言うと、もちろん檀家をやめて離檀することは可能です。

しかし檀家を離れるということは、原則としてこれまで菩提寺にあった墓を引っ越さなくてはならないということです。「寺とのつきあいはイヤだが、引っ越し先にはこれまでと同じように墓石を建てるタイプのお墓を考えている」ということであれば、民間霊園や公営墓地を探さなければなりませんが、管理料は寺院墓地の場合と同じように発生します。

また、離檀後も法事などの仏事自体はついて回りますので、結局は法事をお願いするお寺にお布施が必要になります。そう考えると、離檀したからといって費用や手間が大きく減るわけではありません。もとのお墓の解体撤去工事や「改葬」のための費用と労力を考えれば、あまりいい解決法とは言えないかもしれません。

お寺とは、ご両親と同じようにつきあわなければいけないと考えず、できる範囲でつきあっていくことを考えるのもいいかもしれません。Tさんの場合、お布施として年間管理料を納めて、そのまま菩提寺にお墓を管理してもらうのも悪くない方法だと思われます。

ケース 5

Mさんのお悩み

遺骨を納骨するときに必要な「埋火葬許可証」を失くしてしまったのですが、再発行できますか？

父が亡くなり、お墓を新しく建てました。1年近くかかりましたが、無事に完成したので納骨しようと思ったところ、しまっておいた「埋火葬許可証」が見当たりません。墓地の管理者に「『埋火葬許可証』がないと納骨できない」と言われて困っています。再発行はできますか？

回答 5

「埋火葬許可証」は発行後5年以内であれば発行を受けた自治体で再発行できる

人が死亡した場合、葬儀を済ませて荼毘に付した遺骨は、四十九日や一周忌などを目安にお墓に納骨されるケースが多く見られます。この納骨を行う際に必要となる書類が「埋火葬許可証」です。火葬する際に火葬場に提出した「埋火葬許可証」に火葬済印が押されたもので、この書類をもって焼骨であることが証明され、墓地に埋蔵または納骨堂に収蔵できることになります。なお、「火葬許可証」に火葬場で火葬済みの認印を捺されると、それがそのまま「埋葬許可証」となると説明されることとありますが、法律上正確に言うと「埋葬許可証」は土葬をする際に必要な書類となります。紛失を防ぐために骨壺に納められることも多い「埋火葬許可証」ですが、新しくお墓を建てる場合には火葬してから納骨するまでに1年以上かかることもあるため、その間に紛失してしまう人もいるかもしれません。遺骨を納骨の際に、管理者に墓地の「使用許可証」と「埋火葬許可証」を提示しなくてはなりませんから、紛失した場合には再発行の手続きが必要となります。

「埋葬許可証（火葬済印入りの火葬許可証）」を紛失してしまった場合は、まず発行を受けた火葬場に問い合わせをし、「火葬証明書」を発行してもらいましょう。公営の火葬場は、火葬台帳の保管期間がおおむね30年程度になっており、「火葬証明書」の再発行が可能です。民間の火葬場の場合はそれぞれ保管期間が異なりますが、念のため確認してみましょう。火葬証明書を市区町村へ提出して「埋火葬許可証」の再発行の手続きをします。「火葬証明書」だけで納骨できる場合もあります。

いずれの場合も本人確認資料や亡くなった人との関係がわかる資料などが必要となる煩雑な手続きをしなくてはなりませんし、手数料もかかります。紛失しないようにきちんと管理することを心がけましょう。

ケース 6

Aさんのお悩み

父の故郷のお墓と私の建てたお墓で父の遺骨を「分骨」したいのですが、手続き方法は？

生前父は、生まれ育った故郷のお墓で眠ることを望んでいました。父の故郷は遠方にあるため、お墓を受け継いでいる伯父に相談して、私の建てたお墓と父の故郷のお墓で「分骨」することにしたのですが、「分骨」するためにはどんな手続きをしたらいいのでしょうか？

回答 6

火葬時と納骨後で変わってくる「分骨」の手続き方法

遺骨を複数に分ける「分骨」。文字通り遺骨を分けることですが、墓埋法にはすでに納骨された遺骨を分骨するための規定があり、法律でも認められた行為です。

またこの「分骨」は、仏教的にも問題のない行為とされています。そもそもお釈迦様の遺骨は世界各地に「分骨」されており、お釈迦様の遺骨を納めた施設である仏舎利塔は、日本でも数多く見ることができます（ちなみに日本にある仏舎利塔のほとんどは、お釈迦様の遺骨の代わりに宝石や経典が収蔵されていると言われています）。「分骨」したから成仏できないとか、罰が当たるということはないのです。

実際に「分骨」を行うには、ふたつの方法があります。「火葬時に『分骨』する方法」と「すでに納骨されている遺骨を『分骨』する方法」です。

火葬時に「分骨」する方場合には、まず火葬場の担当者に「『分骨』したい」という意向を伝えます。「分骨」した遺骨を納骨するためには「分骨証明書」が必要になってきますから、書類を忘れずに交付してもらいましょう。

すでに納骨されている遺骨を「分骨」する場合には、まず遺骨の管理者（祭祀主宰者）に許可をとります。次に墓地の管理者に連絡をとって「分骨証明書」を発行してもらいます。公営墓地、民間霊園、寺院墓地それぞれで手続きが違ってくるので確認してみましょう。「分骨証明書」を受け取ったら石材店にお墓を開けてもらい「分骨」します。

「分骨」した遺骨を別のお墓に納骨する場合、墓地によっては「分骨」した遺骨では納骨できないことがあるので注意が必要です。「分骨」した遺骨でも納骨できるか、事前に墓地の規約を確認しておきましょう。

ケース 7

Rさんのお悩み

姉妹ともに嫁いだのですが、実家のお墓を私の代でなくすのは心苦しいです。何か方法はありませんか？

ふたり姉妹の長女です。私は関東に、妹は九州に嫁いでしまいました。大阪の実家には江戸時代から続くお墓があるのですが、このまま私の代で途切れてしまうことをとても心苦しく思っています。何かいい解決策はないでしょうか？

回答 7

嫁いで名字が変わっても実家のお墓を承継できるし、複数のお墓をひとりで承継することも可能

Rさんの場合は、まずお墓を残したいのか家名を残したいのかを考える必要がありそうです。もし実家の名前を絶やしたくないと思っているのであれば、家族内で養子縁組などを考えなければなりません。

そうではなく、単にお墓の維持に関するお悩みであるならば心配はいりません。お墓は承継して管理する人がいれば無縁墓にはならないからです。お墓の承継者は前承継者と姓名が違っていても問題ありませんから、姉妹のどちらかが承継すればいいことになります。

ちなみにお墓へは、嫁いで家を出た人でも入ることもできます。墓地によっては「6親等以内の

血族、3親等以内の姻族」がひとつの墓地に納骨できるとなっていますが、実際はかなり遠い親戚まで利用することができます。ですから、Rさんは現在の承継者であるお父さんの実の娘ですから、旦那さんともども入ることができます。Rさんがお墓の承継者になれば、将来Rさんのお子さんやお孫さんが承継することもできます。ひとりで2家のお墓を承継することも可能なので、Rさんが、嫁ぎ先のお墓とご実家のお墓を両方継ぐという選択肢もあります。いずれにしても、先祖伝来のお墓が途切れてしまうのではというRさんの心配は杞憂といえるでしょう。

近年、将来のお墓の承継者がいないなどの理由から遺骨の管理・供養を寺院などに任せる「永代供養墓」などに「改葬」を考える人が増えています。ですが年間管理料を支払っていれば、その期間はお墓を存続させることができるので、「墓じまい」以外の選択肢も親族や菩提寺などと相談して検討してみるのがいいでしょう。

ケース 8

Yさんのお悩み

兄弟姉妹でお金を出しあってお墓を建てたら、それぞれの家族も同じお墓に入れるの？

ひとり親家庭で育った3兄妹の次男で、妻子があります。親が亡くなったので、私と兄妹の3人でお金を出しあってお墓を共同で購入したいと考えています。その場合、兄妹の家族もみんなが一緒のお墓に入れるのでしょうか？

回答 8

共同で購入したお墓であっても、入るためには名義人の許諾が必要となる

お墓を新たに建てる際には、決して安くない費用が必要になります。もちろん兄弟や親族などがお金を出しあってお墓を購入することは可能ですが、トラブルを避けるために名義人はあくまでもひとりと決められています。共同名義にはできないことを知っておきましょう。

共同購入したからといって、同じお墓に入らなければいけないという決まりはありません。同じお墓に入る場合には、Yさんが名義人でないなら、名義人と墓地の運営者の許可が必要となります。Yさんのお兄さんが名義人となった場合、Yさんやご家族はお兄さんの許諾がなければお墓に入ることはできないのです。

同じお墓に入ることを前提に兄弟でお金を出しあってお墓を購入する場合、事前に墓地の規約を確認しておくことも大切です。墓地によっては「使用権者から見て3親等以内の姻族および6親等以内の血族」といった規約が設けられている場合があるからです。制限といっても、許容範囲はかなり広く設定されていますが、将来的にどこまで入ることができるのかはしっかり確認しておきましょう。

お墓は契約を済ませると、遺骨が入っていなくても年間管理料が発生します。そうした維持・管理に必要な費用の分担や法要を行う場合の施主は誰が務めるのか、将来の承継者には誰がなるのか、掃除などのケアや管理は誰が行うのかなど、契約後の負担や責任の所在を明確にしておくこともトラブル防止のためには有効な手段となります。そうした点は兄弟間では合意ができていたとしても、子どもや孫の代になったときにトラブルとなる可能性がありますから、合意内容はできる限り書類として残しておくことをおすすめします。

ケース 9

Sさんのお悩み

墓地の契約をしようとしたら、工事を依頼する石材店を指定されたんですけど……？

身体が動けなくなる前にお墓を準備しておきたいと思い、購入を前提に霊園を見学に行ってみました。案内してくれた石材店の人に、購入する場合はそのお店が工事を担当すると言われました。他の石材店も検討したいのですが、相見積りなどはできないのでしょうか？

回答 9

指定石材店制の霊園では担当の石材店は原則変更できない

「指定石材店制度」のある墓地や霊園では、決められた業者のみが墓石の販売や工事を行います。地方自治体が運営する公営墓地や一部の寺院墓地以外では、ほとんどすべての墓地でこの制度をとっています。

民間霊園や多くの寺院墓地では宗教法人や財団法人などとともに、石材店などの民間企業も投資に参加して開発を進めています。そのため、墓地の運営・管理業務を請け負う管理会社や石材店があらかじめ決められているのです。

民間霊園の場合、指定石材店として複数の業者が入っている場合があります。Sさんのように霊園見学へ行った場合、最初に対応した石材店が担当することが通例です。対応する業者は見学の段階で自動的に決められていて、購入者側が任意に選ぶことはできません。これは顧客数に差が出ないように業者間で協定が結ばれているためです。

霊園見学では、ほとんどの場合は指定石材店制度であることを説明されますが、契約を結ぶ前に確認し、必要なら説明を求めて納得してから購入を決めるようにしましょう。

石材店が決まっていることは、霊園の管理やお墓のアフターケアの点では安心感がありますが、工事の相見積りをとって金額を比較することができないため、金額面で不安を感じる人もいるかもしれません。石材店を自分で選べないことに不安を感じる場合は、先に気に入った石材店を決めて、その石材店に霊園を紹介してもらうという方法もあります。

また霊園見学に行く前に指定石材店を調べて、見学時にその中から気に入った業者を指名するという方法もあります。選べるのは霊園の指定石材店に限られますが、自分で調べて選んだ業者を指定するぶん、不安感はやわらぐと思われます。

ケース10

Hさんのお悩み

肉親の遺体を焼きたくない……。土葬で土に還してあげることは可能でしょうか？

肉親の遺体を焼くことに抵抗があり、できればそのまま土に還してあげたいと思っています。昔は故郷の地域でも土葬が行われていたと聞きますし、宗教上の理由などで火葬にできない人もいると思います。そういう人と同様に遺体を土葬にすることはできないのでしょうか？

回答10

法律上は土葬することは可能だが、埋葬できる墓地が非常に少ない

現在、日本の火葬率は99・9％で、ほぼすべての遺体が荼毘に付されています。墓埋法の規定では土葬にすることは可能なのですが、埋葬できる墓地が全国でも極めて限られています。地方自治体では、条例によって土葬を禁止する地域を定めており、都市圏で土葬ができるところはほとんどありません。また、土葬を受け入れている寺院や霊園もほとんどないのが現状です。現在運営されているほぼすべての霊園が、開発段階から「焼骨を埋蔵するための施設」として造られているのです。

かつてはHさんの故郷のように土葬の風習も多く見られましたが、近代以降は火葬場の整備が進

んでいることに加えて、公衆衛生の面から2メートル以上の深さの穴を掘らなければならないといった制限も生まれています。

どうしても土葬にこだわるのであれば、まずは土葬を許可している霊園を探す必要があります。現在、首都圏では山梨県、茨城県、栃木県などに土葬を受け入れている霊園がわずかにあります。

また土葬には、死亡届を提出したときに自治体が交付する「埋火葬許可証」が必要です。

このように現在の日本の状況で土葬を行うことは、相当にハードルが高いと言えるでしょう。そのいっぽうで国際化が進んで日本で暮らす外国人は増えており、それにともなって宗教上の理由で火葬ができない人々が増えています。さまざまな文化を背景に持つ人々が共存する社会の中で、葬送の方法も多様化が求められていることは間違いありません。

ケース 11

Uさんのお悩み

事実婚ですが、将来パートナーの家のお墓に一緒に入ることはできますか?

パートナーとは事実婚です。相手には、離婚した前妻との間にすでに成人した長男がいます。籍を入れていないものの長年連れ添ってきましたので、お墓は一緒に入りたいとふたりで話しています。内縁関係の立場でも、パートナーの家のお墓に入ることはできるのでしょうか?

回答 11

霊園の許可と親族の理解がなければ内縁のパートナーが同じお墓に入るのは難しい

お墓は、誰でも一緒に入れるというわけにはいきません。その家の血縁者以外をお墓に入れることを禁じた法律はないのですが、霊園の規約で制限を受ける場合があるからです。またこうした場合は、お墓の名義人である承継者の許可も必要になります。このふたつをクリアしない限り、内縁関係のパートナーと同じお墓に入るのは難しいのが現状です。

そもそもお墓は、第三者への譲渡や転売、貸与が認められていません。これは墓地の使用者が持っている権利が「使用権」であって、お墓の土地の「所有権」はお寺や墓地の管理者が持っているためです。戸籍上のつながりのない第三者をお墓に入れることは、他人にお墓を貸与するとみなされるため、認められていません。ですが、厚生労働省発表の「墓地経営・管理の指針等について」によれば、納骨できる対象者の範囲を「使用者の親族及び縁故者」としたうえで、「その範囲を著しく制限するような規定は不適切」としています。つまり、内縁関係などの特別な事情がある場合は、墓地使用規則があっても納骨を認められる場合があるのです。

ですが霊園の規約以上に重要なのは、お墓の承継者の許諾と親族の理解です。Uさんのパートナーが現在の承継者だとすれば、次にお墓を受け継ぐのはUさんと血のつながらない長男になると思われます。いずれ代が替わったあとにトラブルにならないように、よく話し合って理解を得ておきましょう。長男以外の親族ともよく話し合っておくことが大切です。

近年では、あえて籍を入れない事実婚や同性婚など、カップルの形も多様化しています。また独身者の増加にともなって仲の良い友人同士でお墓に入る「墓トモ」といった事例や、ペットと一緒にお墓に入ることを希望する人も増えています。社会の動きやライフスタイルの変化に合わせて、「お墓」のあり方も新たな広がりをみせていますから、内縁関係だからといって悲観することはありません。柔軟な考え方でふたりで入れるお墓を検討してみましょう。

ケース12

Iさんのお悩み

父の遺言通りに遺骨を「散骨」するために、一度納骨した遺骨をとり出したいのですが……？

昨年父が亡くなりました。父は生前、「自分が死んだら海に撒いてほしい」と言っていましたが、お通夜、葬儀、納骨、法要と慌ただしく、父の遺言を実行できませんでした。父の願いをかなえるために、一度納骨してしまった遺骨をとり出せないでしょうか？

回答12

住職や墓地の管理者に事情を話して相談を。自治体のガイドラインの確認も忘れずに

大切な方が亡くなった瞬間からやるべきことがたくさんあって、悲しむ暇もなかったという話はよく聞きます。やるべきことを終えて一息ついてから、「そういえば故人がああ言っていた」と気になることもあるでしょう。

1991年（平成3年）に法務省から「葬送のための祭祀として節度をもって行われる限り遺棄罪には当たらない」と非公式のコメントが発表されて以来、日本では事実上「散骨」が行われています。

「改葬」以外でお墓から遺骨をとり出すという話はほとんどないことですが、法律上の規制は特に

ありません。住職や墓地の管理者にきちんと事情を話して相談してみましょう。その前に、家族や親族の同意を得ておくことも忘れないでください。

海洋散骨は自分で行うこともできますが、トラブルを防ぐ意味でも専門の業者に依頼したほうがいいでしょう。遺骨をお墓からとり出したら、遺骨を撒く予定の海を管轄する自治体に海洋散骨に関するガイドラインなどがあるかを確認しましょう。散骨のやり方としては、遺骨を粉末状に砕き、他人に迷惑がかからないように海に撒くだけです。当然ですが、人で賑わう海水浴場や海産物の養殖場を避けるなど、周りに十分配慮することは欠かせません。

ちなみに山に「散骨」する場合は、海洋散骨以上に注意が必要です。日本の山は国や自治体、個人など、誰かの所有物であるため、不用意に「散骨」するとトラブルにつながります。山の所有者との交渉には相当の時間と労力が必要になりますから、里山型の「樹木葬墓」なども視野に入れて検討することをおすすめします。

ケース13

Gさんのお悩み

事情が変わったので購入した墓地を解約するには……?

私は昨年、自分と家族のために都内にお墓を買いました。ですがその後、妻と話し合って田舎に移住することに決めましたので、購入した墓地を解約したいと考えています。一度購入した墓地を解約する際の注意点などはありますでしょうか?

回答13

解約は可能だが「永代使用料」は返金はされない。墓石の建立後なら撤去工事も必要となる

いったん購入した墓地は、申請すれば解約することができます。解約するための手順と費用は購入先の寺院や霊園によって違いますが、墓石を建立しているかどうかで大きく異なります。まだ墓石を建立していない場合は、住職や管理者に理由などを記載した返還届を提出すれば解約できます。返還届に記載する項目は墓地によって異なりますので、まずは管理者に問い合わせてみましょう。

墓石を建立した後に解約する場合は、墓石の解体撤去工事が必要になります。工事は建立した石材店に依頼しますが、金額は区画の広さや立地などによって異なります。目安としては、1平方

メートルあたり10万円程度の費用を見積っておきましょう。墓地の解約は原状回復が基本なので、更地にしてから寺院や霊園に返却することになります。

Gさんが解約するのはまだ納骨していない未使用のお墓ということですが、すでにご先祖の遺骨が納骨されているお墓を解約する場合は、さらに費用と手間がかかります。まず改葬許可を申請してから、一般に「魂抜き」などと呼ばれる「閉眼供養」を行い、墓石の解体撤去を行います。詳しいことは第4章「墓じまいと改葬」をご参照ください。

なお、墓地を購入したときに支払った「永代使用料」は、墓石の建立の有無にかかわらず返還されないので注意が必要です。

ちなみに墓地の転売や譲渡は行うことができませんが、承継することは可能です。せっかく購入した墓地ですから、お子さんや親族へ承継することも視野に入れて検討してみてはいかがでしょう。

ケース14

Eさんのお悩み

お寺にある我が家のお墓に、イスラム教徒の親族を入れることはできますか？

私は菩提寺にあるお墓を承継していますが、次男がイスラム教徒の女性と結婚することになりました。次男自身はイスラム教に改宗するわけではないのですが、将来的に次男の妻が亡くなった場合、我が家のお墓に納骨することはできるのでしょうか？

回答14

イスラム教徒は火葬を受け入れないことが多いため日本の墓地に埋葬することは難しい

全世界の4分の1の人口を占めるといわれているイスラム教徒。日本国内にも20万人を超えるイスラム教徒の人々が暮らしています。彼らは日本で家庭を持ち、すでにその子どもたちは日本社会のさまざまな場所で活躍しています。そんなイスラム教徒が抱える大きな問題のひとつがイスラム教に対応した墓地が少ないことです。イスラム教は土葬が原則のため、火葬が前提の日本のお墓に遺体を埋葬することができないのです。

日本各地のムスリム協会などが自治体に働きかけて、現在国内に10カ所程度しかないイスラム墓地を増やす運動が行われています。しかし公衆衛生上の観点から土葬の墓地は水源から離れた場所に限ると定めている自治体もあり、候補地探しに難航しているのが現状です。

仏教以外の宗教の場合、たとえば神道は法律に従って火葬や納骨の手続きを行うので、民間霊園や公営墓地など、特定の宗教色のない施設であれば問題なく納骨することができます。

キリスト教の場合は、特にカトリックでは土葬が主流でしたが、２０１６年（平成28年）にローマ法王が火葬を認める指針を明らかにしたこともあり、現在では全世界的に火葬が増える傾向にあります。日本では荼毘に付されていれば、キリスト教徒の遺骨であっても宗教不問の墓地などに問題なく納めることができます。多くの信者を抱えるキリスト教の教会では、専用の墓地を所有しているところもあります。

身内が宗教の違う相手と結婚するのであれば、冠婚葬祭をはじめとしたその宗教の戒律を十分に理解することが不可欠です。Ｅさんもイスラム教について知識と理解を深めて、これから息子さん夫婦が築かれる家庭を温かく見守ってあげましょう。

第５章　ケーススタディ

ケース15

Fさんのお悩み

遺骨を預けている「納骨堂」が破産して、お墓が抵当に入ってしまったのですが……？

わが家は、永代供養の「納骨堂」に先祖伝来の遺骨を預けていました。ところが先日、経営母体の宗教法人が破産して、「納骨堂」があったビルが抵当に入ってしまいました。現在ビルが競売に出されていますが、遺骨は取り戻せるのでしょうか？

回答15

墓地と契約を結ぶ前に、メンテナンス計画や経営状態も確認を

遺骨を安置する屋内施設である「納骨堂」。バスや電車などで近代的な設備の「納骨堂」の広告を見かけたことがある人も多いのではないでしょうか。交通が便利な場所にあり、天気に左右されることなくお墓参りができることに加えて、個人や夫婦単位で使用することができるなど、新しいタイプのお墓として注目されています。

そんな「納骨堂」ですが、２０２２年（令和4年）に札幌市である宗教法人が破産して経営していた「納骨堂」が抵当に入ってしまったという事件が起こりました。過去には福井県や大阪府でビルに入った納骨堂が経営破綻したケースもあります。このような事例が起こるのは、「納骨堂」自

体が新しいタイプの施設で、維持・管理にどれくらいの費用がかかるかといったデータが少ないことにも原因があると言われています。

実は「納骨堂」に限らず、墓地経営が破産してしまった例は過去にもあります。その場合でも墓地使用者の権利が保護されて、別の法人に運営が変わったり、清算会社が管理したりするケースもあります。

現在人気の自動搬送型の「納骨堂」では、機械類のメンテナンスが必要不可欠ですが、30年後や50年後のメンテナンス体制については誰にもわからないのが現状です。稼働開始後10年で管理費が値上げされた事例もあることは押さえておきましょう。

新しい「納骨堂」を探す際には、見学時に経営状態や管理費についてしっかり確認することが大切です。ホームページで経営状態を公表している会社もありますので、よく検討して納得できる施設を選ぶことを心がけましょう。

お墓の疑問？・用語辞典

本書に登場する用語の中から押さえておきたい言葉の意味をまとめました。言葉の意味に迷ったらご確認ください。

うちゅうそう【宇宙葬】遺灰をロケットに載せて宇宙に打ち上げる葬送方法。

えいたいくようぼ【永代供養墓】家族の代わりに霊園の管理者が遺骨を管理・供養してくれるお墓のこと。

えいたいくようりょう【永代供養料】遺骨を永代にわたり供養してもらうために支払うお金のこと。

えいたいしようけん【永代使用権】墓地の所有者と契約して得る墓地を代々使用する権利。

えいたいしようりょう【永代使用料】墓地を永代にわたって使用する権利を得るために支払うお金のこと。

かいがんくよう【開眼供養（お墓開き）】お墓を新しく建てる際に行われるお墓に魂を入れるための儀式。

かいそう【改葬】今あるお墓から遺骨をとり出して新しいお墓に改めて納骨すること。遺骨の引っ越しや移転を指す。

かこのしゅうし・しゅうはふもん【過去の宗旨・宗派不問】これまで信仰していた宗旨・宗派は問わないが、これからは指定の宗派にしたがって法要などをとり行うこと。

がっそう【合葬】複数の人の遺骨を同じ場所に納骨すること。

こうえいぼち【公営墓地】都道府県や市町村などの地方公共団体が管理運営する墓地のこと。

さいしざいさん【祭祀財産】墓地、墓石や仏壇、仏具、家系図など先祖を祀るための財産のこと。

さいししゅさいしゃ【祭祀主宰者】祭祀財産を受け継ぐ人のこと。祭祀承継者ともいう。

ざいらいぶっきょう【在来仏教】明治初期までに根付いていて、今なお活動を行っている仏教の宗派の総称。

さんこつ【散骨】墓石を作らず、亡くなった人の遺骨を海や山へ撒く葬送方法。

じいんぼち【寺院墓地】お寺などの宗教法人が運営するお墓のこと。

じたくくよう【自宅供養】遺骨をお墓ではなく自宅に安置すること。「手元供養」ともいう。

しゅうきょうふもん【宗教不問】墓地の利用にあたって信仰する宗教を一切問わないこと。

しゅうし・しゅうはふもん【宗旨・宗派不問】多くの場合、「在来仏教」であればどの宗派でも利用可能な墓地であることを意味する。

じゅもくそうぼ【樹木葬墓】墓石の代わりに樹木や草花などの植栽が用いられたお墓のこと。

しょうけいぼ【承継墓】先祖代々受け継

がれているお墓のこと。

しんこうしゅうきょう【新興宗教】明治初期以降に現れた新しい宗派や宗教のこと。

だんか【檀家】特定のお寺（菩提寺）に所属し、葬祭の一切をそのお寺にお願いする、いわば会員。「お布施」の納付やお寺の集会への参加などが檀家のつとめとなる。

でざいんぼせき【デザイン墓石】旧来のスタイルにとらわれない新しい形や素材を用いた墓石。

てもとくよう【手元供養】自分の側や自宅に遺骨を置いておく葬送方法。

どそう【土葬】遺体を焼かず、棺桶に入れたまま土中に埋葬すること。

とむらいあげ【弔い上げ】ある程度年忌法要を重ねたタイミングで、これ以上の個別の年忌法要は行わないとして切り上げること。

ねんかんかんりりょう【年間管理料】お墓を持っている場合、お寺や霊園の管理者にお墓の維持・管理のために支払う料金。

ねんきほうよう【年忌法要】仏教的にみて区切りの良い年に故人のために行う宗教的儀式。

のうこつどう【納骨堂】故人の遺骨を納めるための収蔵スペースを備えた建物。

はかじまい【墓じまい】お墓を解体・撤去して更地に戻し、墓地の管理者に使用権を返還すること。

はかもり【墓守】お墓の管理や維持をする人のこと。

へいがんくよう【閉眼供養】墓じまいや仏壇を処分する前に、仏様やご先祖の魂を抜くために行われる法要。

ほうよう【法要】亡くなった故人に対して行われる供養の儀式。

ぼだいじ【菩提寺】「菩提所」「檀那寺」ともいわれる先祖伝来のお墓や位牌があるお寺のこと。また、葬式や法事をお願いする寺院のことをいう。

みなしぼち【みなし墓地】現行法のもとでは作れないが、法律の施行以前に作られていて存続を認められた墓地のこと。

みんかんぼち【民間墓地】経営母体は宗教法人であっても、霊園の開発や販売などに民間企業がかかわっている墓地のこと。

むえんばか【無縁墓】お墓の承継者の不在や管理費の滞納などで放置されているお墓のこと。

ようがたぼせき【洋型墓石】欧米のお墓のイメージを取り入れた墓石。スタイリッシュで斬新なデザインのものも多く、近年注目を集めている。

りだんりょう【離檀料】お寺にあるお墓を撤去・処分して檀家を辞める際に、お寺に納める費用のこと。

りょうけばか【両家墓】たとえば夫婦がそれぞれ承継したお墓をひとつにまとめたお墓のこと。

わがたぼせき【和型墓石】縦長の石柱を用いた伝統的なスタイルのお墓。

おわりに

「無縁社会」

人間関係が希薄になり、孤立する人が増えているという現象を「無縁社会」としてNHKが取り上げたことにより、このフレーズが注目され、2010年（平成22年）の「ユーキャン新語・流行語大賞」のトップテンに選ばれました。

「無縁」は死後の世界ではよりリアルな数値が調査結果として出されています。

2023年（令和5年）3月28日、総務省より発表された「遺留金等に関する実態調査」によると、引き取り手のない死者の数は2018年（平成30年）4月から2021年（令和3年）10月までの間に10万5773件という結果が発表されました。

また、遺骨についてはカウントできるものだけで全国の市区町村に無縁遺骨が6万柱あったといいます。注目すべきは、6万柱のうち身元がわからない遺骨は約6千柱で、残りの5万超の遺骨は身元がわかっているにもかかわらず引き取り手がいない遺骨だそう。少子化、生涯未婚率の上昇で、今後も引き取り手のない遺骨が激減する状況は期待できません。

「無縁」は都内一等地、1区画数万円で販売をしている青山墓地も例外ではありません。墓地内を歩くと、手入れがなされず草が生い茂り、墓石が傾きかかっている区画が目につきます。「無縁墳墓」とみなされた区画を整理するために設置された立札もちらほら。荒れ果てた墓所は、5年間管理料未納で1年以内に名乗り出る人がいない場合、一定の手続きを踏んだうえで使用許可を取り消し、遺骨は取り出されて別の合葬墓に改葬されます。

少し前の調査になりますが、2013年（平成25年）に熊本県人吉市が市内の墓地995カ所の現状調査をしたところ、全1万5123基のうち4割の6474基が無縁墓だったという調査結果が出たのは衝撃でした。山間部にある墓地では、8割が無縁墓になっているところもあったそうです。

お墓の無縁化は、男子がいるから、継ぐ人がいるから安心というわけでもありません。

20年前に離婚した鈴木雄二さん（仮名：60歳）にはふたりの男子がいます。当時はまだ中学生で、ふたりの親権は妻が持ちました。2年ほど前に雄二さんの父が、今年は母が他界し、葬儀、法要、納骨なども孫として参加しました。納骨を機に2人の息子にこう打診します。

「どちらか一方が鈴木家の墓を継いでもらえないか」

お墓の承継問題に親権は関係ありません。母親性を名乗っていても、結婚して他家性を名乗っていても継ぐことはできる。しかし兄弟どちらも返答はともにノーでした。

鈴木家から離れて時間が経過していること、長男は母親と一緒に入れる墓を検討したいとのこと、次男はひとり娘と結婚したためそちらの墓守が必要であること、が理由だそう……。

子々孫々継いでいくお墓のシステムは、現代の日本社会には適応できなくなっています。

行き場を失った遺骨を無縁にするのではなく、地縁・血縁を超えた縁の元、次世代へ弔いを引き継ぐ仕組みが必要だと感じています。

ちなみに、今ではすっかりおなじみの「終活」がユーキャン新語・流行語大賞にノミネートされたのは2010年（「終活」はその後、2012年〔平成24年〕にはトップテン入りしています）。

自分の死後についてあらかじめ考えておくことをタブー視する風潮は、薄れつつあります。先祖の弔いとは何か、ご縁とはなにか、等、お墓を通じて改めて考えるきっかけになるのではないかと思っています。

監修 吉川美津子（きっかわみつこ）

葬送・終活ソーシャルワーカー / 社会福祉士 / 介護福祉士。大手葬儀社、大手仏壇・墓石販売店勤務を経て、葬送コンサルタントとして独立。近年は葬送関連事業と並行しながら、社会福祉士、介護福祉士として福祉・介護の現場でも活動している。メディア掲載・出演実績は500本以上。主な著書に『葬儀・相続 手続きとお金』（扶桑社ムック）、『死後離婚』（洋泉社）、『お墓の大問題』（小学館新書）などがある。

本文デザイン　荻窪裕司
本文イラスト　村松杏弥音
DTP協力　斉藤英俊
構成・編集　岡崎 亨（さくら編集工房）

お墓の疑問？ 解決事典

2023年6月30日　初版第1版発行
監修　吉川美津子
発行者　佐藤 秀
発行所　株式会社つちや書店
〒113-0023 東京都文京区向丘1-8-13
電話 03-3816-2071　FAX 03-3816-2072
HP http://tsuchiyashoten.co.jp/
E-mail info@tsuchiyashoten.co.jp
印刷・製本　日経印刷株式会社